ゾンビ襲来

国際政治理論で、その日に備える

ダニエル・ドレズナー
谷口功一・山田高敬 訳

白水社

ゾンビ襲来——国際政治理論で、その日に備える

THEORIES OF INTERNATIONAL POLITICS AND ZOMBIES
by Daniel W. Drezner

Japanese translation published by arrangement with Princeton University
Press through The English Agency (Japan) Ltd.

私が書いた他の本よりも本書の方が「イカす」とのたまった息子、サムへ。そして、
「ホントは、ゾンビなんかいないのよ」と私を安心させてくれた娘、ローレンに。

主なる神は、これらの骨にこう言われる。見よ、わたしはあなたがたのうちに息を入れて、あなたがたを生かす。わたしはあなたがたの上に筋を与え、肉を生じさせ、皮で覆い、あなたがたのうちに息を与えて生かす。そこで、あなたがたは、わたしが主であることを悟る。わたしは命じられたように預言したが、わたしが預言した時、声があった。見よ、動く音があり、骨と骨が集まって相つらなった。わたしが見ていると、その上に筋ができ、肉が生じ、皮がこれを覆ったが、息はその中になかった。

——旧約・エゼキエル書三七章五―八節

目次

装幀＝森裕昌　組版＝制作・校正室

凡例

一、本書の中でゾンビの呼称は様々な形で登場するが、基本的に次のような形で処理した。
living dead →「生ける屍」を意味するが、本文では音引きで「リビング・デッド」。
undead →原則として、本文では音引きで「アンデッド」。例外的に「不死者」と訳出。
ghoul →原則として本文では「食屍鬼」と訳出。例外的に「グール」と音引きで。

一、本文中の（　）は著者自身の、〔　〕は訳者による割注であることを示す。重要なテクニカル・タームについては訳者の判断で「　」を付けた。

一、原文がイタリックの場合、著作や作品を除き、原則として圏点を振った。

まえがき

プレスリーのグレイスランド正面玄関

十五年前、色々な州をまわるドライブの途中で、私はグレイスランド〔エルヴィス・プレスリーの旧居〕に立ち寄った。私が参加したツアーがジャングル・ルーム〔レコーディング・スタジオとして使われた部屋〕に着くまでの間に、エルヴィス・プレスリーの邸宅を歩き回る三十数人の人びとは、二つのグループに分類された。第一のグループは、まったくもって完全にエルヴィスに身も心も捧げた真剣な人びとだった。彼らはハードコアなファンであり、グレイスランドは、彼らにとってのメッカであり、エルサレムであり、そしてローマであったのだ。その多くは、彼らのキングが今でもこの地上を歩き回っているのだと確信しているようだった。彼らはジャンプスーツのコレクションを目にすると、その壮麗さに目眩をおぼえながら、息を呑んだ。

第二のグループは、グレイスランドにいることを等しく喜んではいたが、それは第一のグループとは別の理由によってだった。この人たちは、エルヴィスにまつわる諸々のキッチュさを楽しんでいたのだ。彼らにとって、緑色のモジャモジャのカーペットや鏡張りの壁などの美学を保存した邸宅は、変チクリンで野暮ったいものだった。同じくジャンプスーツのコレクションを目にした時、彼らはあまりの馬鹿馬鹿しさに目眩をおぼえて、息を呑んだのだった。

歩き回っているうちに、われらがツアー・ガイドの、真のプロフェッショナル精神が私の心を打った。その職務は容易なものではなかった。彼女は、熱烈な信者たちの全員に対してエルヴィスに関する正確な知識を提供しなければならない。それと同時に、彼女は、残りの人びとに対しては、このツアーの滑稽さを認めなければならなかったのだ。

表情の微妙な変化と声のトーンのわずかな調節によって、われらがガイドは、彼女の職務を見事に遂行した。いかなる点でも、彼女は信者たちの目にエルヴィスを蔑ろにするようには映らなかった。私は、今日、グレイスランドから帰った人は皆、この訪問に完全に満足していただろうと確信している。

本書は、このグレイスランド・ツアーの一種だと思って欲しい。ほんのちょっとの脚注と、それから、ゾンビが、くっついて来ますけど。

第1章　アンデッドへの…イントロダクション

映画『ゾンビ』

テロリストの攻撃、致死的なパンデミック、自然災害、気候変動、民族紛争、グローバルなサイバー戦争、金融パニック、核の拡散——国際政治には、恐怖の源泉となるような数多くの事象が存在している。しかし、文化的側面での時代精神を見わたしてみるなら、国際関係において、超常的な問題（unnatural problem）が、どれほど喫緊の関心を集めているのかには驚かされる。いったい何のことを言っているのかって？　そりゃ、もちろん、ゾンビのことだ。

食屍鬼（ghouls）、死霊（deadites）、ポスト人類（post-humans）、悪臭野郎（stenches）、死にアタマ（deadheads）、動く死者（mobile deceased）、変生者（differently animated）、リビング・デッドの亡霊（specter of the living dead）などなど、何と呼ばれようとも、それは国際関係論の研究者と、彼らが世界を理解するために用いる理論にとって、ひとつの重要な謎として残る。もし、死者が墓場から甦り、生者を貪り喰うようになるとしたら、様々な理論は、何が起こると予想するだろうか。また、その予想は、どの程度、妥当なものとなるだろうか（それとも、理論自体もゾンビ化してしまうのだろうか…）。

まじめな読者は、このような疑問を単なる空想として一蹴するかもしれない。しかし、食屍鬼は、ポピュラー・カルチャーの中では、あまりにも当然のものなのだ。映画、ポップス、ゲーム、書籍などの別を問わず、このジャンルは明らかに昇り調子にある。図1に示されている通り、ゾンビ映画の封切り数は、新世紀の幕開けと共に急増している。控えめに見積もっても、すべてのゾンビ映画のうち三分の一以上が、過去十年の間に封切られている。[1] 図2は、このような見積もりが、ごく控えめなものであることを示す。最近のある分析によるなら、ゾンビ映画は過去十年、ポスト終末論的映画の重要な源泉だったのだ。*

このようなゾンビへの関心の高さは、銀幕だけに限られるものではない。『レジデント・イーブル』〔バイオハザードの海外市場名〕や『レフト4デッド』などを含む一連のゲームシリーズは、ゾンビ映画ルネッサンスの前触れだったのだ。今日、アンデッドは、コメディ・セントラル・チャンネルの『アグリー・アメリカンズ』や、AMC〔アメリカン・ムービー・クラシックス〕

＊〔Phelan 2009〕。銀幕の世界でも、明らかにゾンビはグローバルな現象となっている。アメリカだけではなく、オーストラリア、イギリス、中国、チェコ、ドイツ、アイルランド、イタリア、日本、韓国、メキシコ、ノルウェーにもゾンビ映画は存在する。網羅的なフィルモグラフィーとしては〔Russell 2005〕を参照。

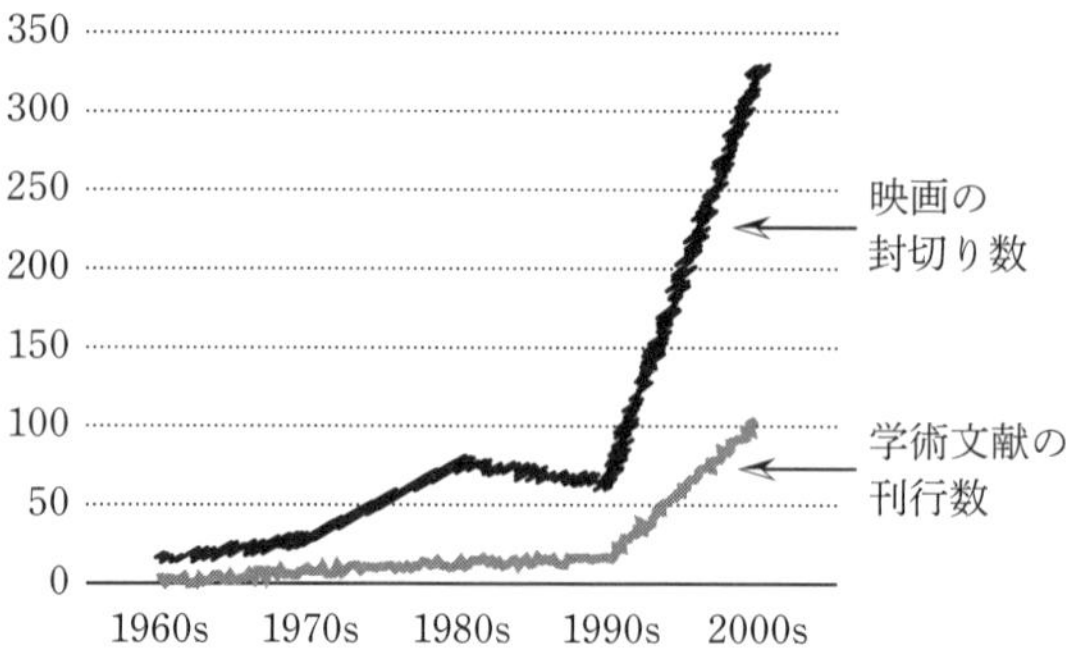

図1　ゾンビに関する一般人と学者の関心.
典拠：ウィキペディア，ウエブ・オブ・サイエンス.

チャンネルの『ウォーキング・デッド』などの番組にも登場している。過去十年の間に、ゾンビは、出版物でも加速度的に登場の頻度を増大させている。サバイバル・マニュアル[2]から子ども向けの本、[3]そしてヴィクトリア朝小説のパロディ[4]に至るまで、幅広いゾンビ書籍が刊行されている。『ウォーキング・デッド』や『マーヴェル・ゾンビーズ』などのコミックは、過去五年の間で爆発的に売れている。ある編集者が『USAトゥデイ』誌に上機嫌で語っている。「伝統的なホラーの世界では、現在、ゾンビほどポピュラーな存在はない。リビング・デッドはしっかりと定着しているのだ。[5] 新聞データベースをざっと検索してみると、過去十年間のゾンビに対する言及数は、堅調に増加して来ているのを見て取ることができる（図3を参照）。明らかに、リビング・デッドは周縁からメインストリームへと躍り出てきているのだ。」

このようなゾンビ・ブームを、単に大衆の珍奇なもの

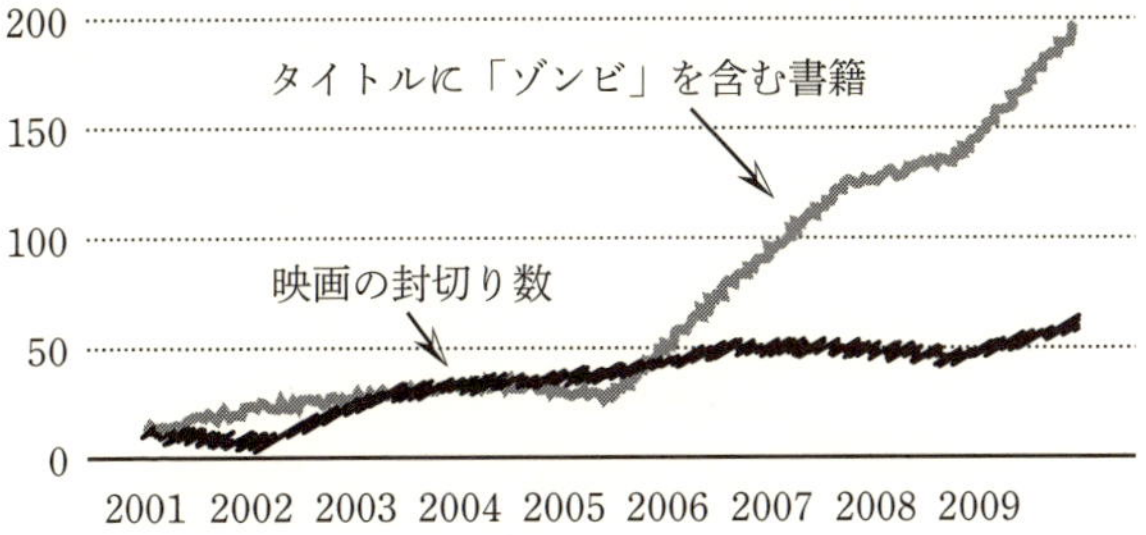

図2　2000年以降のゾンビに関する関心.
典拠:アマゾンコム，ウィキペディア.

への渇望を満たすにすぎないものと見ることもできる。しかし、そのような説明は皮相なものにすぎない。ポピュラー・カルチャーは、しばしば、市民のサブリミナルな、もしくは言葉には表されない恐怖を覗きこむ窓をわれわれに提供するものであり、ゾンビもまた、その例外ではない。九一一のテロリストによる攻撃が、リビング・デッドに対する関心を新たなものとし、数字がこの主張を裏付けていると論じる評論家もいる[6]（図2を参照）。確かに、二〇〇一年秋の炭疽菌攻撃の結果として、バイオテロやバイオ・セキュリティへの恐怖が喚起されている。[7]ピーター・デンドルは、次のように記している。「映画やゲームの中で鮮明に映し出されるゾンビの虐殺は、社会に深く根ざした不安を利用したものだ[8]」と。ゾンビは、医学的疾患、暴徒による支配、マルクス主義的弁証法の重要なメタファーなのである。

国際関係論の研究者の中には、ゾンビへの関心は、ドナルド・ラムズフェルド元国防長官による有名な表現——国際安

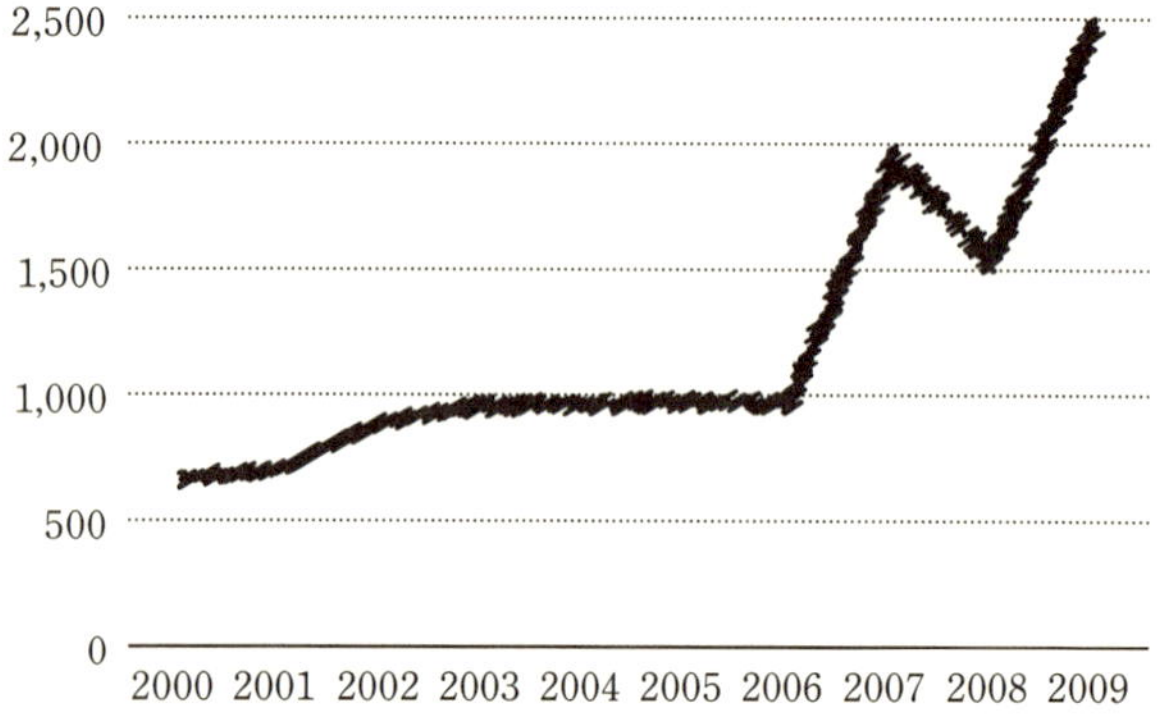

図 3　メディアでのゾンビへの言及数.

全保障における「分かっていないと分かっていないもの(unknown unknowns)」を認知的に把握しようとする間接的な試みなのだと主張する者もいる〔ラムズフェルド元国防長官の回顧録のタイトルが〝*Known and Unknown*〟であることへの皮肉。巻末解説も参照〕[9]。しかし、おそらく、墓場から甦り生者のはらわたを貪る死者への恐怖が、公には認知されないものの偽りない恐怖として存在している。主要大学や警察当局は、ゾンビ・アウトブレイクを想定した緊急事態対応の〝模擬〟計画を策定している[10]。大学の学生の多くが、ストレス発散のために「人間対ゾンビごっこ(Human versus Zombies)」〔巻末解説も参照〕をしている[11]。あるいは、それは不可避のゾンビ軍団に対処するための予行演習なのかもしれない。『アウトドアライフ』誌は、〝対ゾンビ銃器特集〟を組み、その中では「奴らをぶっ倒すための、たったひとつの方法は、ドタマを撃ち抜くことだ」と記されている[12]。国内政府にとって、バイオ・

セキュリティは新たな任務のひとつである。[13] ハイチ政府は、実際に使われてはいないものの、ひとびとのゾンビ化を予防するための法律を持っている。[14] こんなことを公に行っている大国は存在しない。しかし、様々な政府が、われわれの目に触れないところで何をしているかは、推測することしかできない。

問題を大げさに言い立てることに対して注意深くなる向きもあるだろう。つまり、食屍鬼だけが大衆の関心を喚起する超常現象じゃないだろう、と。過去十年間、エイリアン、ゴースト、ヴァンパイア、ウィザード、ウィッチ、そしてホビットは、よく人びとの話題に上っている。他の超常現象と比べるなら、ゾンビは遜色するという人もいる。これは文化的エリートからの軽侮の影響であり、それによってゾンビは超常現象の中では派生的で安っぽいもの――脳ミソを欲しがるだけの、足を引きずり、よろけながら歩くクリーチャーとして位置づけられることとなる。二十五年前、ジェームズ・トウィッチェルは「ゾンビというのは、まったくもってロボトミー（前頭葉切開）手術を施されたヴァンパイアであるにすぎない」[15] と結論づけている。ポピュラー・カルチャーの中のゾンビ・ルネッサンスにも関わらず、ゾンビはいまだに、みっともないものだと見なされている。ポール・ワルドマンは二〇〇九年に「ゾンビというのはホントに退屈なものだ…しかし、注目すべき点は、あんなちゃちなシロモノがこれだけの長い間、流行しているということだ」と言っている。[16] 二〇一〇年のアカデミー賞では、ホラー映画に対

ヴァンパイアとは対照的にゾンビは高校ではモテない.

して三分間のオマージュが捧げられたが、ゾンビ映画に対しては一秒たりとも費やされはしなかった。ゾンビは、チャッキー人形〔ホラー映画『チャイルド・プレイ』に登場する殺人鬼人形〕よりも劣っているのだ。J・K・ローリングの『ハリー・ポッター』やトワイライト・シリーズに登場するイケメン・ヴァンパイア、エドワード・カレンのように人気のあるゾンビというのは存在しない。

しかし、公共政策の観点からは、ゾンビは他の超常現象を圧倒する関心に値する。ヴァンパイアやデーモンとは対照的に、科学者や医者は、われわれの物理的世界にも、ある種のゾンビ的なもののバリエーションが存在し得ることを認めている。ゾンビには、ヴァンパイア、ゴースト、デーモンやウィッチなどには欠けている、もっともらしさがあるのだ。ゾンビの出現は、超自然的な行為の介在を要求しない。確かに、このようなゾンビのもっともらしさは、専門的な調査研究の中に見て取ることができる。職業的哲学者に対する最近の意識調査によるなら、彼らの五八％以上が、何らかの形でゾンビが存在し得ると信じている。対照的に、神の存在を信じているのは、彼らのうち一五％以下である。[*] 学問研究の中には宗教学科と神学科が存在し

＊　二〇〇九年十一月に三二二六人の職業哲学者と哲学専攻の大学院生などを対象として行われたフィルペーパーズ調査のデータ（http://philpapers.org/surveys/）によるなら、ゾンビの哲学的定義（意識があるか否かという点を除いては、あらゆる点で人間と区別できないような存在）は、普通の人が思うよう

ているのだから、人肉喰らいの蘇生した死体の問題を無視するのは、粗野な振る舞いであるようにも思われる。

ゾンビの基本原則（zombie canon）に関する伝統的なナラティブは、他の超常現象に関するものとは異なっている。ゾンビ・ストーリーの結末は、二通りに分類される。一つ目は、すべてのゾンビの抹殺・圧服であり、二つ目は、地球上からの人類の絶滅である。ポピュラー・カルチャーが信じるに値するものであるのなら、食屍鬼と人類の共存は見果てぬ夢でしかない。[17]このように極端なオールオアナッシング的な結末はヴァンパイアやウィザードの物語ではごく稀である。ましてや、世界を乗っ取ろうとするヴァンパイアの物語など、聞いたこともない。[18]代わりに、この夜の種族は、しばしば既存の権力構造に取り込まれる。実際、近年の文学作品では、世界中のハイスクールで普通の生徒たちと平和裡に共存できる、逞しい魅力を持ったヴァンパイア像が呈示されている。[19]ゾンビでは、そうは行かない。もし、「ポピュラー・カルチャーが世界政治の現状を形づくっているもの」であるのなら、国際関係論の学界は、食屍鬼によって提起された、この問題を、緊急に消化しなければならない。[20]

なそれ（人肉を喰らおうとする生き返った死体）とは幾分異なっていた。これら二つの意味するところには概念的な重複も見られはするが、しかし、ディヴィッド・チャーマーズ（一九九六、九六）が言うように、いずれのカテゴリーに属するゾンビにおいても「中味は真っ暗」なのだ。

第2章　これまでのゾンビ研究

ゾンビ研究学会の会章

ゾンビ問題をめぐる議論に関しては、まずのところ、この問題にまつわる従来の研究蓄積を復習することなしに議論を進めてゆくのは、無謀というほかない。幸い、前章の図1が示す通り、現在、リビング・デッドは精力的な学問的研究の対象として焦点をあてられている。人文諸科学は、食屍鬼たちを文化的に解明しようとする試みに充ち満ちている。[1] 哲学者は、ゾンビという存在の「思考可能性（conceivability）」や「形而上学的可能性」について、長らく詳細な議論を続けている[2]〔「ゾンビと哲学」巻末解説も参照〕。

自然科学は、ゾンビ問題を解明しようとし始めている。動物学者は、動物界における人以外のゾンビのような生き物の存在を観察してきた。[3] 生物学者は、ひとを噛む人間の疫病伝染性についての研究を行ってきた。[4] 法医人類学者は、彼らの身体が腐敗・分解を進行させながら、どれくらいの耐久性を持っていられるのかについて考察している。[5] 物理学者は、ゾンビのような身体を有するものの「ランダム・ウォーク」のパターンから身を隠すのに最良の場所がどこなのかを研究している。[6] コンピュータ・サイエンティストは、オンライン・ゾンビ、あるいはボットネットについての研究に血眼になって取り組んでいる。[7] 数学者は最近、ゾンビの拡散に関する理論的モデルを構築し、その中で戦慄すべき結論を導き出している。すなわち「極度に攻撃的な戦術を採らない限り、ゾンビの人間への感染のアウトブレイクは破滅的なものとなるだろう。…ゾンビ・アウトブレイクは、迅速に対応しなければ、文明の崩壊へと繋がるものとなる。」[8] しかし、この研究は批判的なフィードバックをも巻き起こしている。[9]

このゾンビ研究の簡便なサーベイは、切迫した、しかし気の遠くなるような問題を露わにしている。人文諸科学とハード・サイエンスは、人肉を喰らう再生した屍体によって提起される問題に対して注意を払っている。しかし、社会科学は、これらの探求の隊列からは外れてしまっているのだ。二〇一〇年七月現在のゾンビ研究学会（Zombie Research Society）の諮問委員会メンバーに、社会科学者は一人も含まれていない。[10] 社会科学者がゾンビに言及する時、それは単に比喩的なものでしかない。[11] マクロ経済学者がヴァンパイア世界における最適なマクロ経済学的モデルを精力的に構築する際、[12] 彼らは依然としてゾンビの消費函数を肥え太らせるに任せているのだ（無為無策のために貪り喰われることになるということ）。そのモブ（群衆）的な傾向性にも関わらず、社会学者は、ゾンビの非社交的社交性についての分析を行ってはいない。政治学（ポリサイ）は、惨めにもリビング・デッドに関連する政策的対応やガバナンスの問題を扱い損ねている。同種の他の研究分野と比べて社会科学一般、特に国際関係論は、ゾンビ・ギャップに苦しんでいるのだ。

このような学問的探求心の欠乏がために、国際関係論の研究者や政策立案者などは、等しくゾンビの餌食となるに違いない。本書の巻頭に掲げたエゼキエル書からの引用にも見られるように、古典の書き手は、リビング・デッドによって提起される問題を十分に意識していた。孫子は、その『兵法』で、「死地（death ground）」に臨んだ際の戦いの重要性について強調しているが、これは明らかに不死者（undead）による切迫した脅威を予見している。トゥキディデスは『ペロポネソス戦史』で、いかにして「並の病とは全く異なったものとして現れる疫病」が、全面的な無法と混沌をもたらすかについて物語っている。トマス・ホッブズが自然状態を「絶え間ない恐怖と暴力的な死への危険に晒され、そこでの人間の生は、孤独で貧しく、汚らしく残忍で、そして、短い」と書き記した時、ゾンビは彼の心の中か、あるいは彼の家のドアの外にいた。[13]

対照的に、近年の研究は、このような問題に関しては、よくて舌足らずか、最悪の場合、脳死状態に陥っているかのどちらかだ。現代の国際関係理論は、ＵＦＯ、魔女、ホビットやヴァンパイアなどを含むその他の超常現象に関しては熱心な探求を行っているが、ゾンビについては全くの手つかずの状態にある。[14] これらに対し、リビング・デッドに関して、より多くの研究がなされて来なかったのは、真に驚くべきことである。
　政策立案の観点からも、食屍鬼に関して一層の研究がなされることは正当化される。近年において有力な意志決定者が示したように、発生確率の極めて低い出来事であっても、それが実際に起こった際に予見される結果が深刻なものであるなら、大げさな政策的対応を誘発し得る。[15]たとえば、先の副大統領、リチャード・チェイニーは、たとえ一％でもテロ攻撃の可能性があるなら、極端な手段の行使が正当化されると信じていた。[16]仮に政策アナリストが、このようなロジックをアンデッドに適用すれば、そこでは予防的手法が必須のものとなる。たとえゾンビの発生確率が非常に小さなものであったとしても、墓場から甦り生者を貪り喰う死者は、核テロよりも大きな実存的恐怖を人類に対して与えるものだからだ。実際、リビング・デッドは、ジェシカ・スターンが〝恐怖のリスク〟と呼んだものを文字通り具現化している。[17]
　映画や小説におけるゾンビ出現によって起こりうる帰結は、極めて悲惨なものであるように思われるので、そのようなシナリオには、より戦略的なプランニングが必要となる。対ゾンビ危機管理計画は、不死の敵とのファースト・コンタクトにおいて、いきなり崩壊する可能性さえある。[18]そうであるにも関わらず、危機管理計画の策定プロセス自体は、将来の政策的対応を向上させる。[19]過去十年間の軍事的侵攻がわれわれに何かを教えてくれるとしたら、それは仮想敵に関して安易かつ表面的な知識だけしか持たずに対外政策を行うことの危険性なのだ。核抑止や経済制裁、外交声明（デマルシェ）などのような伝統的な政治的手腕は、リビング・デッドに対しては何の意味もなさないだろう。[*] ゾンビはアメとムチではなく、ひたすらに人肉を望んでいる。リアクションが過剰になり過ぎたり、過小になり過ぎたりすることを回避するためには、ゾンビに関する十分な知識、そして、ゾンビに対する可能性を顧慮した政策的対応の存在が要請されることとなる。

ゾンビ人気の高まり自体が、さらなる調査を行うべき、もう一つの理由である。研究によるなら、超常現象に関するナラティブに接すると、人はゾンビの存在を信じるようになる。[20] このような考えはウィルスのような性質を持っている。つまり、人は他人の考え方に接することによって、それと同じように考えるようになるのだ。たとえ、それが論理的には荒唐無稽なものであっても。[21] ポピュラー・カルチャーの中でゾンビが繁殖するにつれ、さらに多くの人びとがゾンビの存在を信じ、恐れるようになる。恐怖は、幾つかの次元で政策形成に対して深甚な影響を与える、強力な感情なのだ。[22] リビング・デッド恐怖症は、テロ攻撃が、九一一以降のアメリカをしてアブ・グレイブで捕虜の虐待を行わせたように、自滅的な政策対応を生み出す。食屍鬼に貪り喰われることへの公衆の恐怖は、精力的な学問的研究によってしか緩和されないのは明らかである。

多くの点で、いかにしてゾンビの蜂起に対処するかという議論の**ミッシング・リンク**となっているのが、国際関係論なのである。ゾンビを扱った古典の中でアンデッドの脅威は普通グローバルに広がってゆく。しかしながら、これらのストーリーには国際政治の基本的な前提が欠けている。リビング・デッドに関するナラティブは、社会的分析のユニットとして、比較的小さなコミュニティか家族を想定しており、そこでは各国政府や国際関係の影響は、ほとんど議論の対象とならない。論理的に考えれば、リビング・デッドは何らかの政策的対応を惹起するにも関わらずである。ジョナサン・マーベリーによるなら、「このジャンルの中での主要なストーリーのほとんどは、軍人・警察官・自警団などを背景とする。[23]」問題は、このような対応が物語の黙示録的部分へと突き進むために、却下されたりごまかされたりする点である。[24] たとえ、公式の政策的対応が最適下位（suboptimal）でしかないとしても、死者が地上を歩き回る時、

＊　特に核兵器の使用は、ゾンビに覆われた世界では破局をもたらす過ちへとつながる。そのような兵器が有する長所が失われるために、食屍鬼は抑止され得ない。核兵器は間違いなく、大量のゾンビを焼却するだろう。しかし、アンデッドは、人間とは違い、核爆発に伴う放射性降下物からも生き残ることとなる。実際、致死量の放射性物質を付着させたまま歩き回るゾンビは、人間に対して、放射能による死、そして嚙みつくことによる転生（reanimation）という、二重の脅威を与えることとなる。もし、どこかの政府が無謀にも核による第一撃を加えたなら、それによってリビング・デッドの軍団よりもさらに悪しきものが生み出されることになるだけだ。つまり、放射能に汚染された突然変異的なリビング・デッドの軍団である。

それに対して世界がどのように対応するのか、そして、その際、国際関係論がどのようなものとして、われわれの目に映るのかについて考える際に、それらの政策的対応を考慮の中に繰り入れておく必要がある。

以下は、ゾンビと国際政治の相互作用について、知識への飽くなき欲求を十分に満足させる試みである。残念ながら、幾つかの学問的探求は端的に不適切なものだ。人体実験の倫理審査委員会（Human Subjects Committees）は実験的メソッドに対して越え難い障害を課すことになるだろうし、ゾンビ・アウトブレイクが本質的に極めて稀であることは、統計学的手法がふさわしくないことを意味している。そうであるにも関わらず、それらを回避するような別の方策も存在している。たとえば、新たな理論的モデルの開発や、ゾンビ発生と似たようなシナリオにまつわる経験知についての経験豊富な政策立案者へのインタビュー、あるいは強力なコンピュータ・シミュレーション、はたまた、他の様式の探求などである。

しかしながら、国際関係理論の状況を見てみると、国際政治をモデル化する最良の方法についてのコンセンサスが存在しないことにすぐに気がつく。国際関係を説明しようとする複数のパラダイムが存在しているのだ。そのそれぞれは、ゾンビがいかに国際政治に影響を及ぼし、またそれに対して政治的アクターがどのように対応するのかということについて異なった考えを持つこととなる。従って、ゾンビ・アウトブレイクによって何が起こるのかについて、既存の国際関係理論がどう予測するのかという話を肉付けしようと、私は思い立ったのだった。[*] これらの理論に従うなら、何が起こるのだろうか。どのような政策が推奨されることとなるのだろうか。また、どの段階で避難や物資の貯蔵を行うのが正しいのだろうか。

このような分析は、想定可能なゾンビの脅威に対してだけでなく、われわれの既存の国際政治理論へのストレス・テストとしても有効である。学者や評論家、そして政策アナリストは、この複雑な世界の認知的ガイドとして、演繹的理論に信頼を置いている。これらの理論からの観察上の示唆が増えれば増えるほど、「既知の不確定要素」と「分かっていないと分かっていないもの」に対して理論の説明力が上がることとなる。[25] 理論の説明力は、理論体系に対する外生的なショックに対して、それが有用かつ反直観的な予見を提供できるかどうかによって判定

＊　紙幅の制限から、ここではマルクス主義やフェミニズムなどの理論が、食屍鬼に対して、どのように対処するかという点について詳細に論じることは出来ないのだが、これらの理論は、伝統的なハイチやブードゥーのゾンビに分析に際しては、より説得力のある説明が出来るように思われる。常日頃から私は、これらの理論が食屍鬼の研究に力を傾注するように勧めているのだが、この場合、私は慎重にならざるを得ない。率直に言って本書で展開される議論は「人間向き（pro-human）」なのだが、マルクス主義やフェミニズムは、ゾンビの側に共感する傾向にある。マルクス主義者にとって、アンデッドは抑圧されたプロレタリアートを象徴している。全てのゾンビがアンデッドとなった白人男性でない限りは、フェミニストは、進化した人類が既存の家父長制構造を破壊するのを歓迎する。

される。飢えたリビング・デッドの軍団は、文字通り、このような意味での外生的ショックにあたるだろう。

ゾンビ否定論者は、死者が墓場から甦り生者を貪り喰うことは、ほとんどあり得ないことなので、このようなストレス・テストは、何らの啓発にもならないと主張するかもしれない。このような主張は、現下における国際政治の変化と、そのような変化に対応して国際関係論の研究もまた変化してゆかねばならない必要性を看過している。伝統的に国際関係論は、国民国家間の相互作用に対して関心を示してきた。しかしながら、現代における多くの安全保障問題は、非伝統的な脅威に焦点をあてたものである。国際政治において現在高まりつつある問題は、「目的を持った主体」から「エントロピー的な力」への勢力の流出である。[26]食屍鬼は、最も重要な点で、グローバルな統治体（body politic）に関する際だった関心の典型例となっている。ゾンビは、完璧に二十一世紀型の脅威なのである。それらはまじめなアナリストにはよく理解されておらず、変幻自在な能力を有しており、またそれらが国家に対して与える困難は極めて深刻なものである。

理論的パラダイムを強化するために、二つのエビデンスとなる情報源に頼ることにしたい。一つ目の情報源は、アンデッドからの攻撃と似たような出来事に関する社会科学の文献である。それは、パンデミック、災害、バイオテロなどである。このような災厄に対する過去の対応は、国家主体や非国家主体が、人肉に飢えた再生ゾンビ軍団に対してどのように対応するかを占うために必要な情報を与えてくれる。

二つ目の情報源は、ポピュラー・カルチャーの中に存在するゾンビについてのフィクション〔映画や小説など〕である。近年の政策立案者は、〝想定外（out of the box）〟の脅威シナリオとその帰結に関する洞察を得るために、フィクション作家に頼っている。[27] 同様に、国際関係論の学者は、標準的な統計分析やケースの比較研究を越えて、経験的分析を行おうとしている。これらの学者は、自らの理論をテストするために、シミュレーションやエージェント・ベースのモデル化を用いて来た。[28] 理論構築のためにフィクション（特にホラーやSF）を情報源として利用することは、近年さらに一般的になってきている。[29]

確かに、このアプローチには、まずもって認識されなければならない幾つかの危険がつきまとっている。第一に、映画や小説は、われわれの分析を偏向させるような形での何らかの歪曲を伴っているかもしれない。[30] 人びとは、ジョージ・ロメロやマックス・ブルックスが想定するのとは違った形でゾンビの出現に対して反応するかもしれない。この可能性は考慮に値するが、しかし、後でも見るように、ゾンビの基本原則の中には、隠された不均質さが存在している。伝統的な食屍鬼に関する物語の中には、主要な国際関係論のパラダイムのそれぞれを解明するのに十分なほど、多くの種類のものが存在しているのだ。*

第二に、国際関係論の分野を説明するためにパラダイム的アプローチを採ることには幾つかの欠点がある。パラダイム的アプローチに立脚した議論の進め方は、真理よりは議論の白熱をもたらすだけだと主張する者もいる。このようなアプローチの予測力は、イマイチなのだ。[31] 他方で、このような複数の異なった理論的アプローチを〝諸パラダイム〟と呼ぶことは、それぞれの理論に対し、それらに欠けている整合性と完全さを付与すると考える学者も存在している。[32] 後でも見るように、ひとつのパラダイムにおける幾つかの概念は他のパラダイムにも波及する。というのも、それらのパラダイムのいずれもが似通ったアクターとプロセスを対象としているからである。

そうであるにも関わらず、これらのパラダイムは、異なった国際関係論の理論家がそれぞれ、国際政治にとって何が重要であるかを明らかにする上で役に立つのである。研究者が認めるかどうかは、ともかくとしても、すべての整合的な国際関係論の研究は、何らかのパラダイム的前提から出発している。アンデッドによる理論上の攻撃は、異なった理論的アプローチのそれぞれが、それに対していかに多様な予測を行うのかを露わにする。しかしながら、ここでは幾つかの理論内在的な論争については省略することとなるので、その点、これらのパラダイムに対して私自身が概念上の暴力をふるっていることは認めておく。公正のため言っておくなら、アンデッドはもっと酷いことをするだろう。

多種多様な国際関係論の理論による予測のそれぞれについて触れてゆく前に、幾つかの定義と本筋からは外れた議論をしておかなければならない。

＊　ゾンビ・マニアのコミュニティにおける数限りない論争は、とりあえず横に置くとして、私が本書で、まず経験的に焦点をあてたいのは、ジョージ・ロメロの映画やマックス・ブルックスの小説、そして、過去十年間に公表された最もポピュラーな作品に現れる「ゾンビの基本原則」である。

第3章　ゾンビを定義する

映画『ナイト・オブ・ザ・リビング・デッド』

ゾンビの定義は、意識のない人間存在というような哲学的なものから、埋葬された後に呪術師によって甦らせられたというような文化人類学的なものにまでわたる幅広いものである。ゾンビ研究学会の見解との整合性を保つためにも、ここではゾンビを生物学的に定義されるものとして取り扱うことにしたい。それは、人間をホスト〔寄生主〕として乗っ取って動くものであり、また、人肉を喰らおうとする欲望を持つものである。[1] この定義は、西アフリカやハイチのブードゥーの儀式におけるゾンビの語源とは異なったものとなっている。しかし、このような甦った屍体は、トランスナショナルな安全保障に対する脅威を表象するものではない。実際、このような〝伝統的〟なゾンビは、最も従順な労働力として描き出されるのが通例である。ゾンビを描いた名作の中で、現代的作品のすべては、ジョージ・ロメロ監督の『ナイト・オブ・ザ・リビング・デッド』(一九六八)で初めて登場したような種類の食屍鬼に、そのルーツを有している。それらは国境を越えて拡散し、国家や文明に対して脅威を与えるので、国際関係論の研究者や政策担当者を活発にするのは、この食屍鬼なのだ。

一国の安全保障という観点からレレヴァントな、ゾンビに関する想定は以下の三つである。

1．ゾンビは、人肉に対する欲望を抱く。彼らは、他のゾンビを食さない。
2．ゾンビは、脳を破壊しない限り、殺すことができない。
3．ゾンビに噛まれた人間は、ゾンビになることを避けられない。

すべての現代的なゾンビに関するナラティブは、これらのルールに合致する。この基準は、例えば一九五四年にリチャード・マシスンによって書かれた小説『アイ・アム・レジェンド』や一九六五年のドン・シーゲル監督作品『ボディー・スナッチャー』などのゾンビ名作集の基礎を築いた原初的ナラティブの幾つかを排除する。[2] そうであるにも関わらず、これらのルールを満たすゾンビは、それがどのようなものであったとしても、国際関係に対して著しいインパクトを与えるものなのだ。しかし、そうなると今度は逆に、国際関係の本質が、食屍鬼からの攻撃に対するグローバルな反応に対して、影響を与えることとなる。

第4章　食屍鬼についての本筋から外れた議論

映画『28日後…』で無人のロンドンを彷徨う主人公

古典的作品を見てみると、それらの中でのゾンビの能力の描かれ方には、顕著な差異が存在していることが分かる。また、これらの違いに関して、ゾンビ研究コミュニティでは、精力的な論争が展開されている。[1] ほとんどの資料の中では、ゾンビは発話することができず、いかなる意味でも人間としてのアイデンティティに帰されるような性質を保持してはいない。しかしながら、ダン・オバノンの『バタリアン（Return of the Living Dead）』（一九八五）とロバート・ロドリゲスの『プラネット・テラー』（二〇〇七）という映画と小説それぞれの中に、顕著な例外を見いだすことができる。[2] ほとんどの物語では、人間だけがゾンビになることができるのだが、バイオハザード・シリーズでは、犬や鳥も感染する。また、通常、ゾンビになるのに男女の性別は関係なかったが、最近の映画では、際だった例外が存在する。[*] また、ゾンビが人間を喰らうこと以外の欲望を持つのかどうかも必ずしも明らかではない。ほとんどの物語では、この問題は議論の対象にさえならないが、ピーター・ジャクソンの『デッド・アライブ』（一九九二）

〔Brain Dead（邦題もブレインデッド）の米国編集版〕と同様、一九八〇年代のイタリアのゾンビ映画では、食屍鬼が他の食屍鬼に対して食欲を持つことが示唆されている。また、ゾンビの身体が腐敗し切ってしまうまでにどれくらいの時間がかかるのかということに関しては、何らのコンセンサスも存在してはいない。さらには、明らかに、ほとんどの作品では、人間はゾンビになってしまう前に必ず死亡するというお約束になっている。しかし、他方で、ほとんどの研究は、ダニー・ボイルの『二十八日後…』（二〇〇二）とファン・カルロス・フレスナディージョの『二十八週後…』（二〇〇七）を一種の古典として扱っている〔これらの作品でゾンビとなった人間は事前に一度も生物学的に死亡してはいない〕。これらの映画で、〝レイジ・ウィルス〟は感染者を直接的に死に至らしめるのではなく、彼らを三十秒以内に血走った、血に飢えた狂人へと変身させるのだ。

ゾンビに関する資料の状況を調査してみるなら、彼らの起源と能力に関し、二つの際だって異なった見解が存在していることが分かる。このことは、われわれ社会科学者に、ゾンビに特

＊　ジェイク・ウェブの『ドッグハウス』（二〇〇九）では、ゾンビを生み出す毒物は、女性だけに影響を与える。ジェイ・リーの『ゾンビ・ストリッパーズ』（二〇〇八）で登場するウィルスは、男性をありふれたゾンビに変えるだけなのに対して、女性は、ニーチェ哲学とポールダンスの複雑さをよりよく楽しむ存在へと変えられる。

有の変数（彼らの起源と移動速度）が国際関係に対して劇的な影響を与えているのかどうかを見極めるための格好の方法を提供する。これらの変数の違いにも関わらず結果が同じであるなら、それは因果関係のファクターとしては重要ではないということになる。

ゾンビに関する物語における最も大きな差異は、その起源、つまり何故、死者が甦り生者を餌食とするようになるのかをめぐるものだ。その理由は、地球外からのもの、テクノロジーによるもの、微生物学的なもの、超常的なものと多岐にわたる。ジョージ・ロメロの『ナイト・オブ・ザ・リビング・デッド』（一九六八）では、無人探査宇宙船が帰還し、未知の放射能によって地球を汚染する。また、テクノロジーがリビング・デッドの誕生に貢献する場合もある。スティーブン・キングは『セル』で、コンピュータ由来の〝パルス〟を用いている。[3] バイオハザード・シリーズでは、アンブレラ社が生物工学を用いて〝Tウィルス〟を産み出している。マックス・ブルックスは二〇〇六年刊の小説『ワールド・ウォー・ゼット』で、ゾンビの起源を中国の三峡ダムの貯水湖の底部で発生したソラヌム・ウィルス（Solanum Virus）であるという設定にしている。[4] Z・A・レヒトの小説『プレイグ・オブ・ザ・デッド』（二〇〇六）では、ウィルスは中央アフリカ起源のものとされている。[5] ジャクソンの『デッド・アライブ』では、スマトラの〝ネズミザル〟に嚙まれることで最初のアンデッドが発生する。ルーベン・フライシャーの『ゾンビランド』（二〇〇九）のナレーションでは、「狂牛が狂人になり、狂人がゾンている。

ビになる (Mad cow became mad person became mad zombie.)」という至ってシンプルな説明がなされ

資料の中で超常的な説明がなされている場合もある。ブライアン・キーンのゾンビ小説では、悪魔的な強迫観念が原因であり、また、ロメロの『ゾンビ (Dawn of the dead)』(一九七八) では、ゾンビの基本原則の中でも、最も象徴的な説明がなされている。すなわち、「地獄にこれ以上の空きがなくなると、死者が地上を歩き回るようになる」と。* マイケル・ジャクソンの『スリラー』で死者が仮装をして歩き回るのは、最も曖昧な理由によるものであるが、これはご愛敬。

何故、屍体が甦って人肉を喰らう自動人形のようなものになってしまうのかということに関しては、明らかに何のコンセンサスも存在していない。しかし、われわれの関心の所在からす

＊　ロメロの説明が、他のゾンビ関連の作品とは逆の方向に向かってしまっていることは興味深い事実である。一般的に、このジャンル〔におけるゾンビ発生原因に関する説明方法〕は、ウィルスやプリオン、毒素などの科学的、もしくは疑似科学的な説明へと向かって来た。しかし、ロメロは自身の作品では、『ナイト・オブ・ザ・リビング・デッド』(一九六八) における「放射能汚染が原因である」という説明から、より超常的な説明へと変化していった。『死霊のえじき (Day of the dead)』(一九八五) では、登場人物のジョンが科学的説明を嘲笑し、端的に次のように結論づけている。すなわち「俺たちは神様から罰を受けてんだよ。神様がやって来て呪いをかけたんで、いま地獄を見てるってこった。」

るなら、このような不一致は悩ましいものではあるが、重要なものではない。外交政策／国家安全保障の観点からするなら、ゾンビの発生原因に対して関心を持つべきである最も重要な理由は、ゾンビに浸食された管轄区域に対処するために、予防的な手法と政策を採用するためである。しかしながら、対テロ及び本土防衛のための安全保障政策は、予防策のために巨額の投資を必要とするにも関わらず、一〇〇％安全なものたり得ない。アンデッドの軍団を生み出すためには、たった一体のゾンビさえいれば、事は足りる。

残念ながら、因果関係のメカニズムの多様性のために、予防策は、ほとんど成功の見込みがなく、またベラボウな費用のかかるものとなるだろう。[6] 真の先制攻撃ドクトリンは、完全に網羅的であり、またアテネの立法者・ドラコンのような厳格きわまりない政策手段のリストを要求するものとなる。政府が、生物学や核、コンピュータなどのテクノロジーに投入する研究上のエフォートのすべてをブロックし、また、アンデッドを惹起するようなあらゆる宗教的介入を監視・予防し、さらには〔念のためにマイケル・ジャクソンの〕『スリラー』さえも許さない、などといった事態は到底あり得ない。極めて強力な権力を有した政府でさえ、死者が甦る因果関係のメカニズムのあらゆる可能性を封じ込めてしまえるような洞察や能力は持ち合わせていないのだ。

ゾンビの発生が意図的なものではなく偶然のものであるという仮定の下では、ほとんどの起源にまつわる物語に関して、以上のことは、なおのこと真実である。予防的手法の複雑性は、〝ありふれた事故（normal accident）〟を増加させることによって、リビング・デッドが人間を追いかける可能性を高める。[7] たとえば、バイオテロ対策を進めるアメリカの努力は、実際には致死性の毒物の供給を増大させており、それによって、意図せざる形での外部への生体毒素の流出を誘発する事故の可能性を付随的に増大させることとなる。[8] しかしながら、バイオテロのケースにおいては、少なくとも、これまでになされた同種のテロ攻撃の存在を指摘することによって、連邦政府が予防的手法を正当化することができる。それに対して、ゾンビによる攻撃は、これまで存在したことがないため、いかなる政府も広範な予防政策を正当化するための費用便益分析を行うことができないのである。

国際関係論の学者は、ゾンビが世界に対して与える結果ほどには、その原因について関心を持ってはいない。社会科学的な言い方をするなら、食屍鬼は、独立変数なのだ。後で分かるように、ゾンビに関する物語の作者もまた、だいたいにおいて同様の立場である。ほとんどの物語の中で、〝ゾンビ発生の原因となるもの（Zombie Zero）〟がどのようにして生み出されたのかということに関しては、おざなりな説明しかなされていない。たとえば、『ナイト・オブ・ザ・リビング・デッド』でロメロは、映画の配給会社からせっつかれて初めて、発生原因に関する説明を付け加えている。[9] 複数の評論家が、原因に対するこのような関心の欠如についてコメントしている。すなわち、常にゾンビ・ストーリーはアウトブレイクが発生した後の文明が危機に晒された状況として設定されているのだ[10]。国際関係論の学者と同様、ゾンビの作者は、リビング・デッドがどのように人間のつくった制度に影響を与えるのかということに、大きな興味を持っている。何がゾンビ発生の原因なのかということに関してのコンセンサスの不在は悩ましいものではあるが、われわれの関心の所在からするなら、それは、さほど大きな問題ではないのだ。

さらに激しい議論が、ゾンビの移動速度に関して行われている[11]。ロメロの『ナイト・オブ・ザ・リビング・デッド』からブルックスの『ワールド・ウォー・ゼット』に至るまでの作品群の中で、リビング・デッドが歩いたり、足を引きずったり、よろめいたり、もがいたりすることはあっても、走ることだけはなかった。近年の対ゾンビ・サバイバル・マニュアルの中でも、この点は強調されている[12]。ブルックスは特にこの点を強調しており、次のように言っている。「ゾンビは走ることができないように見える。最も速いものを観察しても、一・五秒に一歩の速度（秒速〇・六六歩）である。…生きている人間は、最も強力な食屍鬼と比較しても、平均的に九〇％増しの機敏性を持ち合わせている[13]。」しかしながら、映画『二十八日後…』を嚆矢とする〝高速ゾンビ〟は、ゾンビの基本原則に対して深刻な問題を発生させている。二〇〇四年のザック・スナイダーによる『ゾンビ』リメイク版では、ゾンビは高速で疾走する。『ゾンビランド』では、有酸素運動の足りないアメリカ人よりもゾンビの方が速く動けるために、ゾンビが拡散することとなる。トミー・ウィルコラの『処刑山（Dead Snow）』（二〇〇九）では、冷凍ナチ・ゾンビが、雪に覆われた困難な地形を高速で移動する。このような速度に対するニーズは、ロメロをして『ダイアリー・オブ・ザ・デッド』（二〇〇八）で、高速ゾンビのアイデアに対する反駁を行わせるに至っている。ロメロの初期の作品に登場する主人公は次のように説明している。「死んだものが素早く動くことはない。…そんなに速く走ったら、足首がポキンと折れてしまう。」

以上のような論争は、ゾンビ研究のコミュニティを活性化させはしたが、やはり、国際関係論に関する問題には無関係である。その理由は、食屍鬼が速かろうが遅かろうが、アンデッドの悪疫は、結局のところ確実に拡散するからだ。もし、ゾンビが高速で移動・伝染するなら、彼らの拡散をひとつの国や地域に封じ込めることは実質的に不可能である。[14] しかしながら、たとえゾンビの動きがノロかったとしても、ひとつの国に封じ込められそうにはない。低速ゾンビのアウトブレイクは、同じく反応の鈍い政策的対応へと通じることになる。そして、後続章の「官僚政治…ゾンビにまつわる〝押し合いへし合い〟」でも見てゆくように、アウトブレイク初期段階の対応は、人間側の過失によって穴だらけのものとなるのだ。

さらに、もしゾンビの基本原則が何かの形で役に立つのだとしたら、ゾンビの速度の遅さは、潜伏期間の長さと正の相関性を持っていることを教えてくれる。『二十八日後…』に登場する感染者は高速ゾンビである。レイジ・ウィルスへの感染によって、彼らは三十秒以内に〝変身〟する。ロメロの映画やブルックスの『ワールド・ウォー・ゼット』に登場するゾンビは、低速である。彼らは、嚙まれてからリビング・デッドになってしまうまでに数時間から数日かかる。ゾンビ化の結果は、感染の速度に対応している。即効性のウィルスは高速ゾンビを産み出し、遅効性のウィルスは〝古風な〟ゾンビを産み出すのだ。

もし、人が死んで食屍鬼になるまでに長い時間がかかるなら、まだ人間でいた頃にまさに感染した地点から、より遠くまで人間として移動することができることとなる。現代の交通インフラの下では、感染した個人は、主要な人口密集センターから別のセンターまで二十四時間以内で移動することが可能である。つまり、たった一体の屍体の蘇生でさえ、グローバルな感染を引き起こすことが可能なのだ。さらに、ゾンビ疫は嚙み傷や体液の付着によってのみ拡散するものなのだが、その感染率は一〇〇％である。天然痘やインフルエンザのような強力な病原菌媒介物でさえ、これに比べれば非常に低い感染率にとどまる。[15] ゾンビ感染はきわめて強力なので、その国境を越えた拡散は確実なのだ。

「高速／低速」論争は、別の政策的次元において重要な意味を持っている。高速ゾンビに対処するための軍事的戦術や避難ロジスティックス、難民政策、本土防衛策などは、低速に対処

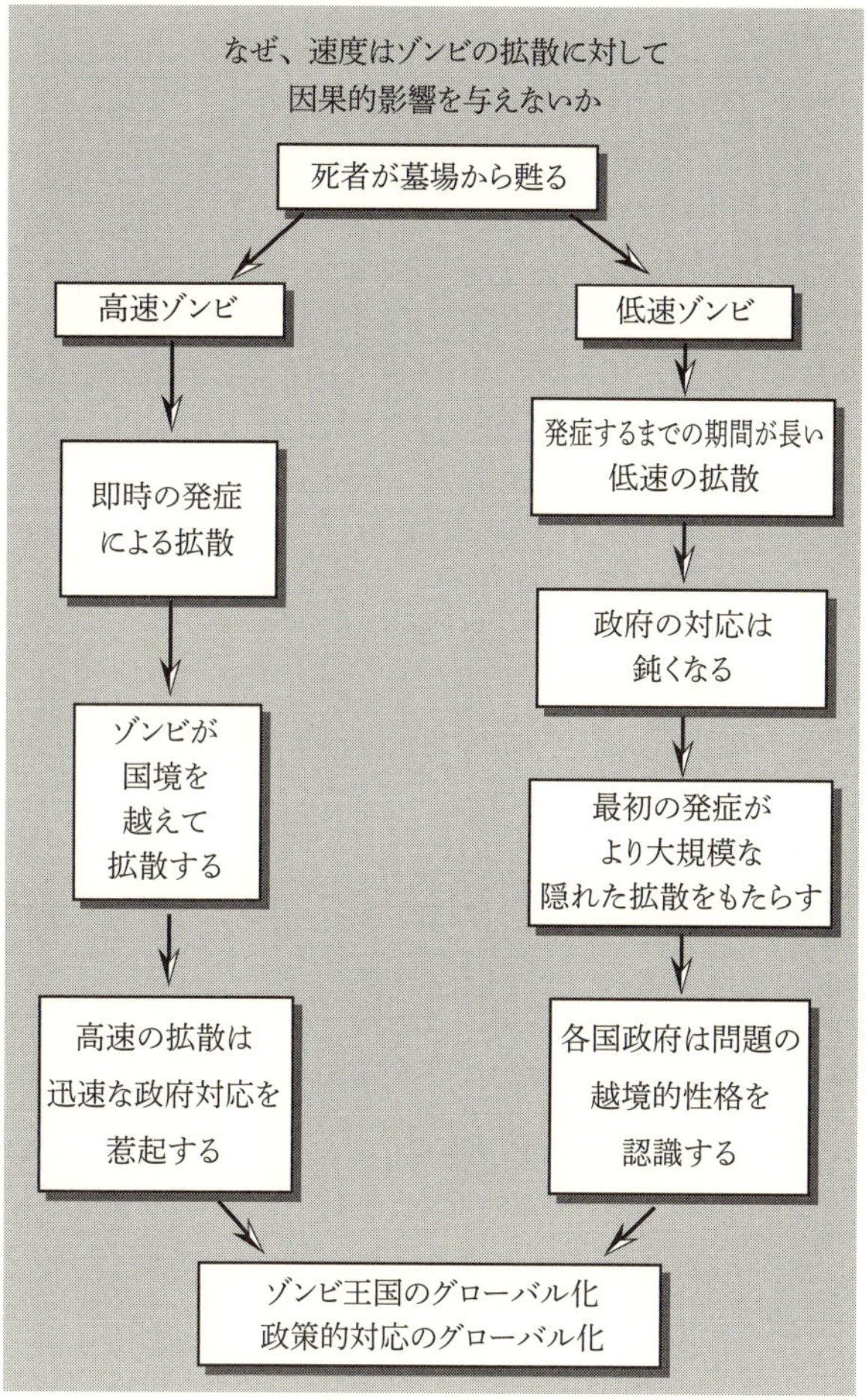

図4　なぜ、速度はゾンビの拡散に対して
因果的影響を与えないのか.

表1　あらゆる社会科学研究で必要となる2×2ダイアグラム

	高速ゾンビ	低速ゾンビ
超常的な起源	越境的 安全保障問題	越境的 安全保障問題
科学的な起源	越境的 安全保障問題	越境的 安全保障問題

する場合とは劇的に異なったものとなる。しかしながら、この本では、ゾンビに対するグローバルな対応が関心の対象である。図4が示すように、高速であっても低速であっても、結果は同じで、詰まるところ結果は「ゾンビ王国のグローバル化」にほかならない。いずれの種類のゾンビも国際関係論にとっては問題となるので、グローバルな政策的対応における決定的要因として速度に**因果論**的な重要性があるという考え方は斥けることができる。実際、表1が示すように、ゾンビの起源も速度も因果的には、さほどの重要性も持っていない。

　ここでの分析の出発点は、リビング・デッドがトランスナショナルな現象であるということの確認である。屍体が世界中で同時に甦ったとしても、単一の発生源から始まったとしても、同じなのだ。いずれの場合においても、すべての国家はこの脅威を考慮した形で外交政策と国家安全保障を構築しなければならない。

　従って、ここでの中心的問題は次のようなものとなる。ゾンビが地球上をのし歩き始めたら、様々に異なった国際関係の諸理論は、それぞれどのような予測を行うのだろうか？

第5章　リビング・デッドのレアルポリティーク（現実政治）

米陸軍第82空挺師団の紋章

様々な種類のリアリズム理論が存在するが[1]、すべてのリアリストは同一の仮定から議論をスタートさせる。すなわち、アナーキーこそが、国際政治の全体を貫く制約なのだ。ここでのアナーキーとは、文字通りのカオスや混乱ではなく、集権化された正統な権威の不在を意味する。熱心なコスモポリタンや陰謀論者が何をどう信じようと、世界政府などは存在しない。国際政治における実力行使の独占がなされない限り、すべてのアクターは、自らの生存を確保するために〝自助〟的な手段を採ることを迫られる。リアリストにとっての主要なアクターとは、彼ら自身の生存を保障してくれるもの、つまり、国家なのだ。実力こそが究極のパワーなので、そこでの重要なアクターとは、実力を行使するための最大限の能力を有したもの、つまり、相当規模の軍事力を有した国家ということとなる。

ほとんどのリアリストは、アナーキーと自助の必要性という組み合わせが、国際問題における周期的かつ持続的なパターンを形づくっていると論じる。アナーキーな世界で流通する唯一の重要な通貨は、パワーである。それは、他者に影響力を行使すると同時に、圧力や強制をはねつけることができる物質面での能力である。もし、ある国家が強力なパワーを蓄積するなら、他の国家はその国家に対抗して、そのような国家が他のすべての国家を支配してしまうことを阻止するために、バランスを取ろうとするインセンティブを有することになる。[2] アナーキーなグローバル構造の下では、すべての国家が自らの国益によってのみ導かれることを強いられ、各国の政府同士は互いを完全に信頼することができなくなる。

あらゆる国家は自らの資源と能力にしか頼ることができないので、リアリストは、国際機関が国際政治を規制（regulate）する能力に対して懐疑的である。国家は、他の主体との協調について検討する際には、利益の分配を考慮することとなる。ケネス・ウォルツのようなリアリストにとっての問題は、「われわれの双方が利益を得るのか？」ではなく、「誰がより多くの利益を得るのか？」ということなのだ。[3] 勢力均衡のための同盟という形における協調は、常に一時的なものであり、また不安定である。ゾンビが常に人肉を渇望しているように、レアルポリティークを採用する国家は、常に、より好ましい能力の分配を渇望することとなる。〔他国と比較した〕相対的利得への関心が最高潮に達する時、協調は短命なものに終わる。[4]

アナーキーは国家の行動に対する非常に強力な制約なので、リアリストが〔国家の行動の源泉として〕他国の国内政治に対して特段の関心を抱くことはない。ある国が、民主的であろうと、独裁的であろうと、はたまた革命政体であろうと、そのような国内体制の違いは、その国の外交政策の軌道には微細な影響しか与えない。アナーキーの構造は非常に強力なので、その結果として、すべての国家は、似通った政策選好を持つように強いられる。これは必ずしもパワーの最大化を意味するわけではない。強力になり過ぎた国家は、安全保障のディレンマと呼ばれるものを引き起こすリスクを冒す。すなわち、過剰なパワーの獲得は、他国をして、勃興するパワーに対してバランスをはかる同盟を形成させることになる。[5] パワーの極大化こそが正しいと信じる学者でさえ、〝海洋の抑止力〟が、あらゆる国家をして世界侵略を思い止まらせることを認める。[6] リアリストは、国内の利害関係が原因となって、時おり国家がこのような予測から逸脱することを認めている。[7] しかしながら、このような事態が発生する際には、システムにおける競争面の厳しさによって、アクターは自らの行動を改めたり、屍体が腐敗してしまうよりも早く衰亡するのを強いられる。[8]

　リアリストは、パワーの国際的分配にレーザービームのように正確に照準を合わせる。国家の興亡は、国際政治における帰結に対する、自身の影響力と対応している。ほとんどのリアリストは、勢力均衡政治が自然な調整メカニズムとして働くことを想定している。しかしながら、パワーの移行理論を主張する人びとは、最も強力な国家（覇権国）と、その傑出した地位への挑戦者の関係を国際政治における第一義的な問題と考えている。もし、覇権国が勃興する他国に取って代わられるなら、強大なパワー間で行われる戦争が勃発する可能性が増大することとなる。[9] 古代ギリシアにおけるスパルタとアテネ、第一次世界大戦前の大英帝国とドイツというように、過去にこのような状況が現出した際には、世界は不確実性を孕んだ状態になった。過去には、このようなパワーの移行の可能性が、しばしば強大なパワー間の戦争の引き金をひいた。勃興するパワーが、修正主義的な意図をシグナリングするならば、――つまり、世界秩序のルールの書き換えを望むならば、紛争は不可避なものとなるのだ。

以上のような要約が示唆するように、リアリズムは、どちらかというとディストピア的で偏見に満ちた世界に対する見方をしていることが分かる。別の言葉でいうなら、リアリズムはゾンビのいる世界、特にジョージ・ロメロの映画世界とは完璧に適合する。最初の『ナイト・オブ・ザ・リビング・デッド』（一九六八）では、七人が食屍鬼に囲まれた農家に囚われる。ゾンビによる共通の外的な危機の存在にも関わらず、そこでの個々人は農家の内部で協力することはほとんどない。血縁関係の絆は、ここでは何の意味もなさないのだ。それぞれに「主権」を有する二つの異なった主体〔映画の中で人々が立て籠もる場所は、農家の地下と一階の部分とに分割されている〕は、別個の個人（ハリーとベン）によって速やかに構築され統治される。* 食糧・情報へ

＊　実際、ベンはハリーに対して、次のように言っている。「ここにいたいのなら、俺の言うことを聞

のアクセス・銃火器などの資源は、分配をめぐる猛々しい闘争の対象である。公共善の構築、つまり脱出と救出のための暫定合意は、パワーの分配における変化が生じたら、いとも速やかに崩壊することになる。

似たような力学は、ロメロの『ゾンビ』(一九七八)にも見られる。この中で、生存者はショッピングモールに立て籠もる。十分な資源を有しているにも関わらず、主人公たちは、他の連中がショッピングモールに入って来るのを阻止しようと最大限の努力をすることとなる。[*] バイクに乗ったギャングが主人公の防御網をかいくぐった時、バイカーの注意をそらすために商品の搬入口を開け放ってゾンビをモールの中へ呼び入れることで対応する。ロメロの『死霊のえじき』(一九八五)でも「協力」は破綻している。登場人物のサラは、映画では最初から「私たちはみんな間違っているのよ」と愚痴をこぼし続ける。甦った屍体が存在する状況における、人間の協力の失敗は、ゾンビの基本原則を貫く共通のテーマなのだ。それはちょうど、リアリストの歴史解釈を貫いて繰り返し現れる「国際協調の不毛さ」と同じである。

人肉喰らいの食屍鬼の登場は、国際政治にどのような影響を与えるのだろうか。リアリストの解答は、驚くべきものではあるが、いたってシンプルである。すなわち、そこでの国際関係には、何らの変化もないというのだ。このパラダイムは、人類に対する新たな実存的脅威が、人間の行動に対して何らかの劇的な変化をもたらすと主張するような人々にとっては、どちらかというと感銘を与えないものだろう。彼らリアリストにとって、アンデッドは過去にも存在した伝染病や災害の繰り返しにすぎない。十四世紀の黒死病や一九一八年から一九年の間に猛威をふるったインフルエンザ禍〔いわゆるスペイン風邪〕など、伝染病は国際政治に影響を与え続けて来た。過去における伝染病のほとんどは、単に既存のパワー間の関係を強化したにすぎない。相対的にダイナミックで強力な社会が、伝染病に対してより強い免疫を発達させてきたので、それらの社会はパンデミック期に、相対的により大きなパワーを獲得するに至った。[10] 同様に、現代の研究によるなら、より大きな富を有し、より強大な社会の方が、相対的に弱く、貧しい国家よりも、自然災害を上手く乗り切ることができる。[11] リアリストは、ゾンビの感染拡大が、これらと異なった結果をもたらすと予想する理由は存在しないと考える。トゥキディデスの意を汲むなら、ゾンビのレアルポリティークというのは、強者は自分のできることをやり、弱者は甦って飢えた屍体の餌食となる苦痛を味わう、ということとなる。

確かに、リアリストでさえ、死者が甦ることによって、グローバルなパワーの配分に**何らか**

け！」と。

＊　バイクに乗ったギャングたちがショッピングモールの中で暴れ回っている時、スティーブンは次のように呟く。「これは俺たちのモノなんだ。俺たちが見つけたんだ。俺たちのモノなんだ」と。そして、彼はバイクで乗り込んで来た奴らを銃で撃ち始めるのだ。

の変化が生じることは認める。ゾンビを撃退することによって他の政府よりも優位に立つ政府も出てくるだろう。高度な安全保障体制と情報インフラを有する政府は、国内でのゾンビの暴走を鎮圧し、国内秩序を再構築し、国境を越えたゾンビの侵入を阻止することができるはずだ。人口密度が低い国は、アンデッドの存在に適応するために十分な時間的余裕を与えられることとなる。地理的な孤絶は、ゾンビ予防の点では何らの保証にもならない。ロメロの『ランド・オブ・ザ・デッド』（二〇〇五）やマックス・ブルックスの小説『ワールド・ウォー・ゼット』で描き出されているように、アンデッドにとって海洋の抑止力は意味をなさない。なぜなら、彼らは「呼吸」をする必要がないからだ。そうであるにも関わらず、地理的な条件は依然として重要である。幾つかの地理的特徴は、外部からの攻撃に対する攻撃／防御のバランスを変化させる。別の言葉で言うなら、海岸線や山脈のような特定の地形における防御は、攻撃よりも容易なのだ。[12] リアリストは、国境に山脈のある国々は、国外からの人肉喰らいの食屍鬼の軍団を撃退する可能性が高いと予想している。他方で、リビング・デッドによって完全に蹂躙される国々も出てくることになるだろう。

　しかしながら、それによって、国際政治の性格は、変化するのだろうか。必ずしも、そうではない。ゾンビを打ち倒すための最良の戦略・戦術は、その倫理・道徳的な含意とは関係なく、国際システムの内部で速やかに拡散することになるだろう。たとえば『ワールド・ウォー・

ゼット』では、黒人の全面的反乱という最期の日に対処するためにアパルトヘイト政策下の南アフリカ政府が用意したシナリオが、世界中に流布した国家安全保障戦略のルーツとなるという設定になっている。[13] この戦略は、国内のいくつかの人口密集地域を意図的に犠牲にすることを要求する。しかしながら、状況の緊急性に鑑みるなら、これは速やかに世界中で採用されることとなるだろう。

リアリストは勢力均衡政治の発生も予測しており、アンデッドの化け物は、他の食屍鬼に対して力の均衡をはかる同盟を構築するのではないだろうか。パワー移行論者は、このような可能性を排除することはできない。たとえば、仮にゾンビがユーラシア大陸の中央部で発生したなら、彼らの拡散能力は、ゾンビ軍団が大陸を席巻することを阻止するための自然な力の均衡をはかる同盟の成立の引き金を速やかにひくことになるだろう。もし、食屍鬼が主要な国々を蹂躙し、多くの新たな食屍鬼を産み出すなら、パワー・シフトのダイナミックスが発生することとなる。ゾンビは急速に勃興するパワーと見なされ、彼らの人肉に対する選好が極めて修正主義的な戦争目的を意味するものであることを否定する者はいなくなるだろう。間違いなく、アンデッドの領土拡張を制限するために、封じ込め戦略が提案されることとなる。[14]

しかしながら、ほとんどのリアリストは、普遍的な〝対ゾンビ同盟〟の強度に対しては懐疑的である。第一に、そこでは互いへの責任転嫁が、恒常的に発生することとなる。[15] このように互いに責任転嫁をし合うような状況では、他国が自身の代わりに均衡を保つための汚れ仕事をやってくれることを期待して、自国がゾンビ軍団に対して積極的なスタンスを取ることを差し控える。従って、たとえ強大な国家が対ゾンビ同盟を強化しようとしても、他の国家はそのような同盟に対しては、ただ名目的にコミットするにすぎない。

第二に、同盟内の非力な国家は、強大な国家が、ゾンビに対抗するためのグローバルな企てを、自らの能力と利益を増大させるための口実として用いるのではないかという危惧を抱くこととなる。このような予測に対しては、過去の歴史が実例を示してくれている。第二次世界大戦末期、ソ連は、自らと西側の同盟との間に緩衝地帯を構築するため、軍事的作戦戦域(theater of operation)に傀儡国家群を置いた。冷戦が最高潮の頃でさえ、NATO構成諸国は、共産圏に対する戦略的な通商禁止の射程と本質をめぐって繰り返し意見を衝突させた。というのも、西側同盟に属する幾つかの国は、ソ連との通商によって過剰な利益を得ていたからだ。[16] 似たような力学は、アメリカが主導した〝グローバルな対テロ戦争〟の時にも観察された。合衆国は、このような戦術〔テロ〕を採用したすべての非国家主体に対抗するため、グローバルな調整を行う努力をした。しかし、これに対して他の国々は、テロリストの定義には当てはまらない自国のみに対して脅威となる集団を、テロ集団のくくりの中に混ぜ込んでしまう形で対応した。[17]

リアリストは、これよりも大きなスケールのものにはなるが、あらゆる対ゾンビ十字軍の編成に際して、同様の力学が働くだろうと予測している。過去には、自然災害が、それが発生する前から存在していた紛争を悪化させたこともある。[18] 従って、国家はリビング・デッドによる脅威につけ込む形で新たな領土を獲得したり、失地回復運動をひねり潰したり、過去からの遺恨を晴らしたり、長年にわたる敵対者を圧伏させたりし得るのだ。中華人民共和国は、ゾンビによる脅威を利用して、台湾の占領を正当化することもできる。またロシアは、同じような口実で、近隣諸国への介入を正当化することができる。たとえば、『ワールド・ウォー・ゼット』では、モスクワ〔ロシア連邦〕がベラルーシ共和国を再吸収することが正当化される。インドとパキスタンは、お互いに、カシミールでのゾンビをコントロールできないとして非難することになるだろう。* 合衆国もまた、ゾンビによる脅威を戦略的なチャンスとして利用する誘惑からは免れ得ないだろう。第八十二空挺師団の配備を正当化するためには、キューバ産のアンデッド軍団がどれくらいの規模まで大きくなる必要があるだろうか。結局のところ、リアリスト（特にアメリカの）は、かつてのジョン・クインシー・アダムズ大統領が、「撃破すべき怪物を探し求めて」海外へと出兵することに対して警告を行ったことを思い出させる。

＊『ワールド・ウォー・ゼット』では、パキスタンはゾンビ感染をコントロールするのに失敗し、その結果、イランとの軍事衝突に発展する。

さらに進んで、結局のところ、人間同士の同盟と同じように、人類とゾンビの間の便宜上の同盟が生まれると論じているリアリストも存在する。先にも注記したように、古典に登場するゾンビの多くは、はじめから戦略的な知性を獲得し、人間との間の戦術的な合意の効能について認識する能力を十分に持っている。この点に関して異論を唱えるゾンビ研究者も存在し、彼らは、食屍鬼は、喋ったり戦略的思考を行ったりすることはできないと主張する。たとえ、そうであったとしても、リアリストは、ロメロの作品に登場するゾンビを経験的な支えとすることができる。『ナイト・オブ・ザ・リビング・デッド』においてさえ、ロメロの食屍鬼は道具を使う能力を示していた。[*] ロメロの後続作品の中で、アンデッドは認知的複雑性を増大させている。『死霊のえじき』のバブと、『ランド・オブ・ザ・デッド』のビッグ・ダディは、人間の登場人物のほとんどよりも、同情的なタッチで描き出されている。バブとビッグ・ダディの両者は、銃火器の扱い方を理解している。バブは、喋り、簡単なタスクをこなし、衝動をコントロールすることができる。つまり、彼は自分が気に入った人間を食べないでいることができるのだ。ビッグ・ダディと彼のゾンビ仲間たちは、その内部でヒエラルキー的な権威をつくりだし、戦略・戦術的な学習に取り組むことができるようになっている。そのようにして、彼らは強固な人間の要塞を蹂躙し、人間の最も強力なリーダーを殺害した。国連において、これらの行為がゾンビ自身によって弁護されることを予測するのには、それほど大きな認知的飛躍は必要ないのだ。

『ランド・オブ・ザ・デッド』のラストでは、ゾンビのリーダーと人間のリーダーが、お互いを放っておくという暗黙の取引を認めるに至る。これは、完璧にリアリスト的なパラダイムと整合的な事態である。ゾンビが生存し繁栄するためには、脳を破壊されないようにしなければならない。そして、人間同様、国際政治におけるアナーキーの過酷さに適応しなければならないのだ。出来立てホヤホヤのゾンビ政府が最初は過激な反人類的な政治を追求したとしても、最終的には、アナーキーなシステムが、このような過激な見解を穏健化させるに至る。[19]

洗練されたゾンビが存在する世界では、人類の国家とゾンビ国家との間の同盟が可能である。実際、アンデッドを宿敵とする大同盟を構築しようとするいかなる国家も、速やかに安全保障上のディレンマを引き起こすこととなる。レアルポリティーク（現実政策）を採用する国家は、勃興しつつある食屍鬼の政府に対して便宜上の暫定同盟を構築することで、ゾンビに対する理想主義的な世界戦争への如何なる動向をも利用することができることとなるだろう。より受動的な戦略としては、ジョン・ミアシャイマーが〝誘導出血（bait and bleed）〟戦略〔誘導する側

＊『ナイト・オブ・ザ・リビング・デッド』で最初に登場するゾンビは、バーバラの車の中に押し入るために石を使う。

ゾンビたちは国連で自分たちの行為を擁護するかもしれない.

（baiter）が紛争に直接関与せず軍事力を温存し、その間にライバル国である二カ国に長期間の戦争をするよう仕向け、国力を浪費（bleed）させる戦略〕や〝瀉血（bloodletting）〟戦略〔誘導出血戦略をより効果的にしたもの。この場合、誘導は行われず、ライバルである二カ国が、より犠牲の多い長期戦に陥ることを目標とする〕と呼んだものが存在する。[20] このような事例において、リアリスト国家は、ゾンビと闘う国家とゾンビたち自身との間の紛争を扇動し、両者が蒙る相対的な被害から利益を得ることとなるだろう。

リアリストは、ゾンビ国家がその内部で生き残った人間とアンデッドの双方をどのように取り扱おうが、不干渉を提唱することとなるだろう。[*] 結局のところ、リアリストは、人類の国家とゾンビ国家との間には、何らの本質的な差異も存在しないという結論に至る。リアリスト・パラダイムの中では、人間はパワーに対する生まれながらの欲望を有し、ゾンビは人肉に対する生得的な欲望を持つ。これらいずれの欲望の対象も、資源としては稀少なものである。国内の諸制度や人肉に対する欲望の種類などにおける個別的な特徴にも関わらず、人間とゾンビは、アナーキーによる強力な制約に支配される。これら双方のアクターは、アナーキー下において

＊　リアリストの中には間違いなく、政府をして国益を見誤らせる「人間のロビー活動」の力に対して警告を発するものも存在することになるだろう。

自らの利益を追求する戦略的機会主義に陥ることとなる。国際政治の根源的性格は、何ら変わることはない。最終的にリアリストは、人類の政府に対し、ゾンビを撃退するために遠隔地での冒険に血を流したり、金を費やしたりしすぎないように警告する。特に血を流すのは、本当にダメなのだ。

第6章　リベラルな世界秩序の下でアンデッドを規制する

映画『ショーン・オブ・ザ・デッド』

リアリストと同様に、リベラリズムの内部にも多様な理論が存在している。[1] しかし、その多様さにも関わらず、すべてのリベラリズム理論は、同一の前提を共有している。すなわち、アナーキーな世界においても依然として協力は可能なのだと。リベラルは国際政治を非ゼロサムゲームとして見ている。国際通商から核不拡散、そして疾病予防などの諸問題にわたる相互協力は、巨大な規模のグローバルな公共財を生み出すことができる。このような利得は、必ずしも均等には分配されないが、政策的協調が行われなかった場合に比べると、協力によって、すべてのアクターがより良い状態へと移行する。従って、国際政治の主要なアクターは、長期にわたる相互協力から得られる利益を実現し、かつ互いの裏切りから発生するコストを回避するインセンティブを持つこととなる。

リベラルは、国際政治において、常に協力が達成されるとは考えていない。幾つかのケースでは、各国の選好が余りにも多様であるために、アクター間での、いかなる妥協も取引も不可

表2　共有地の悲劇ゲーム

		プレイヤーB 協力	プレイヤーB 裏切り
プレイヤーA	協力	(3, 3)	(0, 5)
プレイヤーA	裏切り	(5, 0)	(1, 1)

能な場合がある。たとえ、非ゼロサムゲーム的な取引が可能であったとしても、このような利得を実現するインセンティブの存在が、協調行動を保証するわけではない。協力によって生み出される利益は、しばしば非排除的である。つまり、広範な協力は、たとえそれに協力せずとも、そこから誰でもが利益を得ることができるようなものなのだ。たとえば、勇気ある生存者のグループが、アンデッド疫を除去する方法を発明したら、そのような企てに助力したかどうかに関係なくすべての人類が利益を得る。これは、表2に示されたような、フリーライダー問題を発生させる。リベラルにとっての難問は、相互協力の帰結が相互の裏切りよりも良いものである一方で、自分だけが裏切った場合こそが個人にとっては最良の帰結がもたらされる点にある。個別のアクターは、このような形での同一のインセンティブを有しているので、その帰結は〝共有地の悲劇〟となってしまう。そこでは、全員で協力した方が良い状態になるにも関わらず、皆が裏切り合うこととなるのだ。[2] しかしながら、このような状況が絶望的であるというわけではない。リベラルのパラダイムは、共有地の悲劇を乗り越えるための複数の戦略を提供する。[3] 将来に向かってのびる影を増大させるような

諸条件は、協力の可能性を増大させる。時間軸を長く取るほど、個人がフリーライドから得られる短期的利益に比べ、協力から得られる報酬の方が大きくなるのだ。もし、アクターがしばらくの期間はゲームに参加するつもりであるのなら、非協力者を罰し、〝良い〟アクターとは協調するような対応戦略、たとえば「しっぺ返し（tit-for-tat）」戦略は、長期的にはマルチラテラル〔多国主義的〕な協力を維持することを可能にする。

そこで、ゲームの他の参加者は、協力を通じて報酬を増大させ、裏切りから得られる利益を減少させることができる。経済的相互依存は、集合的行為からなる世界と相互不信からなる世界との間に存在するギャップを拡大して見せるので、相手を裏切るインセンティブを減少させる。[4] 各国は、裏切りが長期的には通商から得られる利益を損なうものであることを分かっているので、短期的にも裏切りをしない可能性が高くなる。情報の監視・普及を行うマルチラテラルな諸機関は、裏切りは探知され罰せられることを保証する。[5] これらの機関は、ゲームに参加するアクターの全員が同一のルールに従うべきであることを改めて保証し、また、いつ、どのような形で、そのルールが破られるのかも明らかにする。

最後に、民主主義国家は、そうでない国家と比べると、互いに協力する可能性が高い。リベラルは、民主主義国家同士は似通った選好を持ち、互いに協力しやすいと想定している。さらに重要なこととして、国内の法と制度は、民主主義国家が国際協定に対して確実にコミットする手段を提供する。[6] リベラルは、リアリズムが想定するホッブズ的な「万人の万人に対する闘争」が発生し得ることを認めているが、それは非常に極端な状況下でのみ起こるものでしかないとしている。[7] 経済的相互依存によって覆われた世界や民主主義諸国家、そして国際機関は、マルチラテラルな協力を育むはずなのだ。

リベラルなパラダイムは、ぱっと見では、ゾンビ黙示録のジャンルには適合しないように思われる。実際、ゾンビが存在する世界におけるリベラリズムの悲劇は、リベラルの理論的教義の幾つかが、食屍鬼の拡散を加速させるかもしれない点にある。リベラルは、複雑な相互依存を育み、各国のインセンティブを相互協力の方向に向かうよう固定化するため、開かれたグローバル経済を提唱する。ちょうど開かれた国境が移民や伝染病を拡大させるように、リベラルは、アンデッドと人間の感染キャリアの越境的拡散を促進することとなる。[8] リアリズムと明確な対照をなすのは、リベラルの政策的処方箋が、初期段階におけるゾンビによる脅威を悪化させるように思われる点である。従って、多くの〔フランクフルト学派に代表される〕「批判理論」を唱える人々が、抑制なきゾンビの拡散を資本主義そのものの抑制なき拡散と同一視するのには、何らの不思議もない。[9]

同様に、リベラルはゾンビとの協力が、ほぼ不可能であることを認めている。ゾンビに協力を行うように強制するようなサンクションを発明するのは非常に困難だろう。また、選好〔構造」の違いも、極めて大きな問題である。ジョナサン・コールトンの歌「お前の脳ミソ（Re: Your Brains）」のサビの部分で、ゾンビの視点から描かれた以下のような歌詞は、交渉相手としてのゾンビの立場の容赦ない本質を見事に要約している［この歌は動画付きでYouTubeで視聴可能である］。

俺たちゃ、お前の脳ミソ喰らいたい。ただ、それだけ。
確かに俺たちゃ、非合理さ。でもさ、眼球（めだま）は喰らわない。
脳ミソ喰いたい。ただ、それだけ。
俺たちゃ今ではドン詰まり。ここらで妥協も必要か。
お前が扉を開けてくれりゃあ、中に入って、ごちそうさま。脳ミソ。

この歌詞がゾンビのバーゲニング・ポジションを表象しているのだとするなら、リベラルの非ゼロサム的な取引という仮定は維持できないことになる。表3が示しているように、「ゾンビの悲劇」ゲームにおけるゾンビ側の支配戦略は、人間を喰らうことである。ここでは「しっぺ返し」戦略は機能しない。リビング・デッドに対して協力や協調は不可能なのだ。

別の角度からリベラルなパラダイムを眺めてみるなら、そこにはさらに重要な分析的な示唆

表3　ゾンビの悲劇ゲーム

		人間	
		ゾンビを殺さない	ゾンビを殺す
ゾンビ	人間を食べない	(1, 4)	(0, 5)
	人間を食べる	(5, 0)	(4, 1)

が存在する。「ロマンティック・ゾンビ・コメディ（略称 rom-zom-com）」は、明示的にも暗示的にもリベラルな要素を含んでいる。ルーベン・フライシャーの『ゾンビランド』（二〇〇九）は、ゾンビ感染が広がった世界でサバイブするための良く練られたルールの明確化とその遵守に関する物語である。この作品の中心的メッセージは、有酸素運動をしていないと逃げ切れずに死ぬ〔設定では、三十二のルールのうちの筆頭が有酸素運動〕ということ以上に、バラバラの個人が確実に相互にコミットし合う（協力する）ことが必要だ、ということである。エドガー・ライトの『ショーン・オブ・ザ・デッド』（二〇〇四）の登場人物は、ジョージ・ロメロの映画の登場人物よりも遥かに、互いに協力し合う。実際、この映画のクライマックスの直前では、登場人物のショーンがリベラリズムに対する感動的な賛歌を謳い上げて、自分の友達や親族たちを集める。すなわち、「かのバートランド・ラッセルも言ったように、〝人類を救済する唯一の手段は協力しかない〟。今こそ、このことの大事さが分かるだろ！」と。

リベラルなパラダイムは、グローバルなゾンビ・アウトブレイクが国際政治に対してどのような影響を与えるのかについて、興味深い予測と説明を与えてくれる。おそらく、最も重要なリベラルの洞察は、ゾンビ研究における最も大きな謎に対する解答であり、それは、食屍鬼が他の食屍鬼を攻撃できないということである。ロメロの『ゾンビ』（一九七八）では、アンデッドの中に「グループは存在しない」という報告を科学者が行っている。ダニー・ボイルの『二十八日後…』（二〇〇二）で〝レイジ・ウィルス〟に感染した者も、その「怒り（rage）」を彼らの仲間であるゾンビではなく、他の人間に対してしか向けない。ゾンビは仲間のゾンビを食べることを欲しないと想定してはいるものの、特に人肉が稀少になった場合でさえ、人間の屍体を分け合うにあたって互いを攻撃し合わないのは驚くべきことである。しかしながら、ロメロの『ナイト・オブ・ザ・リビング・デッド』（一九六八）以来、ゾンビはお互いを大目に見て、人間を打ち倒すために積極的に協力してきたのだ。

これは、なぜか。リベラルなパラダイムは、シンプルかつ合理的な解答を与えてくれる。すなわち、リビング・デッドは、可能な限り長期的な将来を射程に繰り入れている。ジョン・メイナード・ケインズの有名な言葉にもあるように「結局のところ、われわれは皆、例外なく死ぬのである」。アンデッドは、長期にわたって互いに関わり合わなければならないので、彼らは互いに協力し合う非常に強いインセンティブを持つ。[10] ゾンビが団結するなら、人間はバラバラに孤立させられる危機に直面することとなる。

ゾンビによる連帯の恐るべき強靱さにも関わらず、リベラルは、人間間のマルチラテラルな協力もまた強力なものとなるだろうと予測する。変生者の増殖は、経済的グローバリゼーションの**外部不経済性**という古典的な問題を表象している。相互通商から利益を得ている国々は、相互通商の第三国（つまり、ここでは食屍鬼）をも、その拡散を促進することによって意図せざる形で利する。従って、国家はゾンビを、マネー・ロンダリングや食物媒介疾患などのような開かれたグローバル経済から発生する「負の公共財」と同様のものとみなすこととなる。強力な国家は、それらの拡散をコントロールするための国際機関を創設・強化することとなるだろう。実際、ゾンビの脅威は、生命に関わる非常に多くの領域に関連するので、リベラルはそこでの〝レジーム・コンプレックス〔重複レジーム間の調整問題〕〟の発生を予測する。[11] 国連安保理や世界保健機構（WHO）、国際移住機関（IOM）などの国際政治機関が入り乱れる形で、既存のゾンビ軍団と戦い、さらなるアウトブレイクを防ぐための政策や議定書（プロトコール）などが連発される。[*] 保健、通商、安保などの分野に重複するすべての問題を処理するためには、世界ゾンビ機構（WZO）のような調整組織を構築する必要があるだろう。最終的には、何らかの機

＊　ゾンビが遺伝操作によって生まれた生物の中に含まれるとしたら、死んだ細胞組織が再生したものが国境を越えて移動するのに対しての重要な規制メカニズムとして、EUは即座にバイオ・セイフティに関するカルタヘナ議定書を発動することになるだろう。

関が、グローバルな市民社会全体の利害関係者から十分な協力と理解を調達した上で、行動プランとしての「包括的かつ統合された脱ゾンビ化戦略」の宣言を行うこととなる。*

対ゾンビのレジーム・コンプレックスは、ゾンビ問題への重要な入口となるだろうと、リベラルは期待する。地球上からアンデッドを消去し去ることから得られる公共的な利益は、非常に重要で、結果として意義ある政策協調の可能性が高められることになる。[12] アンデッドは、テロやグローバルな伝染病のような、これまで国家が意義ある越境的協力を行って来たシステマティックな脅威のカテゴリーに分類される。このような予測は、ゾンビ関連資料の中の重要なものとも整合的である。マックス・ブルックスの小説『ワールド・ウォー・ゼット』(二〇〇六)で、攻勢に出る決定は、国連での会合の後になされる。[13] リベラルな国際主義と整合的な形で、合衆国は、支援を集めるために必須のリーダーシップと社会的目標についての強い意識を提供する。[14]

このようなグローバルなガバナンス構造は、アンデッドと戦う際に、どの程度、効率的なものなのだろうか。レジームの効率性の問題は、何十年にもわたって国際関係論の学者たちに取り憑いて来た。[15] 確かに、北大西洋条約機構(NATO)や化学兵器禁止条約などのリベラルな安全保障レジームは、信頼に足る成功の履歴を有している。[16] 安全保障及び公衆衛生の双方に関するレジームが、このIT化された時代において、情報を監視・伝達する能力は、ゾンビ問題に対する初期段階での迅速な対応を容易にすることになるだろう。グローバリゼーションは、バイオ・セキュリティを促進するために必要な技術面、あるいは規制面での調整を増大させた。[17] 最低限、マックス・ブルックスの『ワールド・ウォー・ゼット』やミラ・グラントの小説『フィード』（二〇一〇）で示された帰結ともおおよそ整合的であるような、リビング・デッドに対する重要な巻き返し、そして厳格な規制を期待することができるだろう。[18]

マクロな状況は安定的なものに見えるかもしれないが、それは同時に不完全なものでもある。現在、死者の越境的な移動〔に対抗するための〕レジームは、重大な抜け穴を存在させてしまっている。[19] 現行の国際法が修正されたとしても、ゾンビはグローバルなガバナンス構造にとっての厳しい試練を意味することとなる。それらは最も困難なタイプのガバナンスにまつわる問題、つまり「禁止レジーム」なのである。[20] 食屍鬼が一匹残らず狩られ、グチャグチャに破壊されてしまわない限り、アンデッドが再び拡散する可能性が残ることとなる。疾病を除去するための

＊　このようなリベラルの予測は、初期の政策的対応が食屍鬼の拡散を緩和することができるかどうかに決定的に依存している。もし、意志決定者がいかなるアクションを取ろうともアンデッドの拡散を止めることができないと結論を下したなら、未来を覆う影は消え失せる。なぜなら、最終段階戦略（end-game strategy）を追求するアクターは非協力的だと、リベラルは予測するからである。この時点では、避難と貯蔵こそが適切な対応である。

国際レジームは、このような任務に内在する困難さを露わにすることとなるのだ。天然痘は撲滅されたが、完全かつ全面的に撲滅された疾病というのは、ほとんど存在しない。[21] エイズ、ポリオ、マラリア、結核や多種多様な型のインフルエンザは、国際的な対ゾンビ・レジームが直面することとなる困難を露わにする。

リベラルなパラダイムは、グローバルな対ゾンビ・レジームの内部で形づくられる二つの重大な抜け穴の存在を予測する。第一に、幾つかの国々は、問題がエスカレートしてローカルなレベルでは制御できない段階に至るまで、ゾンビ・アウトブレイクに関する情報を適切なタイミングで提供することができないかもしれない。権威主義国家は、国民の健康に関する危機の存在を認めることが、当該社会に対する国家統制の脅威となることを理由として、しばしば、そのような危機の存在そのものを認めない。非民主主義的レジームは、災害を予防し封じ込めるために必要な公共財に投資を行う可能性が低い。[22] これが、権威主義国家において、災害から生じる人的損失が大きくなってしまう理由の一つである。[23] 地方の行政担当者は、バッド・ニュースの送り手になってしまうことを恐れ、指揮伝達系統にゾンビ・アウトブレイクの報告をするのを遅延させるかもしれない。発展途上国は、リビング・デッドの再発生を探知するインフラを有していないかもしれない。彼らは、巨大な市場を持つ国による政策的対応が、既に宣言された食屍鬼のアウトブレイクに対して及ぼす経済的なインパクトを恐れるのだ。* 中国が他の国々に対し、適切なタイミングで、透明性を持って、確証的にＳＡＲＳ〔重症急性呼吸器症候群〕の問題を公表することを初期段階で拒んだのは、このような政策的難問の一つの典型例である。[24] 中国は、小説『ワールド・ウォー・ゼット』で同様の振る舞いを行う。小説では、中国は、国内のゾンビ問題を隠蔽するために、台湾危機を勃発させてしまうのだ。[25]

第二に、リビング・デッドを擁護するための非政府組織（ＮＧＯ）が、ゾンビを抹殺することとの障害となる可能性があるが、これは驚くには値しないことである。グローバルなガバナンス構造を変容させるＮＧＯの能力は、国際関係論の学者の間でも議論の対象となっている。[26] しかしながら、少なくとも、グローバルな市民社会は、グローバル・ガバナンスのルールを実現する取引費用を高くする可能性がある。「ゾンビの平等」を主張するＮＧＯは、現時点でも少なくとも一つは存在している。それは「アンデッドの権利と平等に関する英国市民連〔略称ＣＵＲＥ〕」である。[27] さらに強力なアクティビスト・グループ、たとえば、ゾンビ・ライツ・ウォッチ〔元ネタは、Human Rights Watch〕、国境なきゾンビ〔元ネタは、国境なき医師団〕、ゾンビエイド、ゾンビの倫理的扱いを求める人々の会〔元ネタは、動物の倫理的扱いを求める人々の会（ＰＥＴ

＊　この問題は途上国に限定されたものではない。食屍鬼の存在が探知された場合、喫緊かつ重要な二つのことが予想される。すなわち、ＥＵはイギリスの牛肉を完全に禁止し、日本と韓国は、米国産牛肉に対して同様の禁止措置をとることになるだろう。

対ゾンビ政策への抗議が巻き起こるかもしれない.

ることになるだろう。

A〕」などは、世界ゾンビ機関（WZO）がゾンビの抹殺を達成するにあたって困難を生じさせることになるだろう。

これらの不測の困難が問題とはなるものの、それが過大に評価されるべきではない。たとえば、中国はSARS事件の結果から学習し、北京当局は二〇〇九年にH1N1〔A型インフルエンザの亜型の一つ〕が流行した際には、より透明性の高い対応を行った。[28] 各国がパンデミック問題に適応してゆくにつれて、アンデッドの拡大を隠蔽する国の数は減少してゆくのだ。たとえ、マルチラテラルな解決策が不十分なものだと分かったとしても、リベラルは、安全装置として働く〝ミニラテラル〟、もしくは地域的な機関の創出を思い描く。世界ゾンビ機関が失敗した場合には、合衆国は北米対ゾンビ協定〔元ネタは、NAFTA〕を締結し、問題に対して地域的に対処することとなるだろう。同様に、このような問題に対処するすべての「指令（directive）」の模範となるような指令を欧州委員会が発令することも予想される。* ASEANやメルコスール（南米共同市場）、アラブ連盟やアフリカ連合の創設も、そう遠くはないだろう。グローバルな市民社会の大部分も、アンデッドの抹殺に対して、それほど極端な反対を行う可能性はない。

＊　EU内でのゾンビのコミトロジー（comitology）〔委員会体制〕がどのように処理されるのかは、本書の射程を超えた問題である。しかし、それが苦痛に満ちたものとなることは間違いない。

「ゾンビの権利」という問題は、強力なＮＧＯにとっては、それが寄付疲れや政治的なバックラッシュを引き起こすことを恐れがあるがゆえに、アドボカシー・アジェンダに搭載することを拒むような問題の一つなのだ。[29]

リベラルなパラダイムは、時間の経過と共に、政治的批判に対しては不完全かつ弱点に満ちた帰結を予測する。それは現時点における欧州連合（ＥＵ）に良く似ている。そうは言っても、そのシステムもまた、全面的なゾンビ黙示録の亡霊を回避するためには良く機能することが予想される。ゾンビの突発的発生は必ず起きる。国連の援助の下での半永久的な対ゾンビの人道的ミッションは、破綻国家において必要となる可能性があるかもしれない。リベラルは、食屍鬼の恒久的な除去は不可能だと認めているのだ。しかしながら、ゾンビ問題を多くの管理可能な脅威の一つに還元することは、予見し得る帰結である。リベラルの語彙を用いるなら、ほとんどの政府は、ほとんどの時間を費やして、ほとんどのゾンビを殺すこととなる。

第7章　ネオコンと死者たちの悪の枢軸

映画『28週後…』

アメリカの外交政策コミュニティで、新保守主義（neo-conservative）、あるいは〝ネオコン〟と呼ばれる人びとは、リアリストともリベラルとも明確に区別されるものとして扱われている。ほとんどの国際関係論の研究者は、ネオコンの外交政策はリベラルとリアリストの教義を折衷したものと見ているが、それらとは全く異なったパラダイムに立脚したものだと考える人もいる。[1] ネオコンは一方で、「デモクラティック・ピース」の重要性に関して、リベラルと認識を共有している。リベラルと同様に、ネオコンは、世界が民主的になることによって、より安全を保障されたグローバルな秩序がもたらされると信じている。[2] 彼らは、民主国家同士は戦争をしないという見解を受容している。つまり、デモクラシーが拡大すればするほど、世界は平和になるのだ。ネオコンは、アメリカの覇権が正義にかなった世界秩序に貢献するという点についても、リベラルな国際主義者に同意する。

他方、ネオコンは、リアリストとの間で、国際機関に対する疑念も共有している。[3] ネオコンは、マルチラテラルな機関を、ニーチェが言うところの劣弱なものたちの武器として侮蔑する。[4]国際機関と国際法は、法の支配に対する執着がために、デモクラシーを制約するものでしかない。独裁国家は、マルチラテラリズムを実践ではなく理論でのみ、シニカルに採用することで利益を享受している。ネオコンは、権威主義国家の外交政策上の意図を信頼しない。また、彼らは、民主国家が、このような危険な世界で絶えず警戒を保つことができるのか、目を光らせてもいる。古典的リアリストと同様に、ネオコンは、外交政策の実践に際して、デモクラシーが政策を弱体化させることに苛立っているのだ。[5]

アメリカのネオコンは、極めて迅速に脅威と紛争を発見する。彼らは、過去十年、アメリカン・ウェイ・オブ・ライフに対する脅威を画定してきた。それは、ロシア、中国、イラン、北朝鮮、アルカイーダ、イスラム、ＥＵ、国連などだ。[6]他の実存的な脅威が彼らの注意を逸らすことがなかったなら、ネオコンは非常に早い段階で、ゾンビの脅威を探知していたかもしれない。*

人肉を喰らうアンデッドの反乱に対処するネオコンの政策は、シンプルかつ直接的なものと

＊　実際、ゾンビ・アウトブレイクに対する初期段階でのネオコンの対応が、いつもの癖でイラク侵攻へとなってしまうことが懸念される。

なるだろう。ゾンビは、文明の衝突などよりも、実存的な脅威なのだ。ロバート・ケーガンの議論を要約するなら、人間はこの世のもの、ゾンビは地獄のものなのだ。[7] そこでは、〔国際法上の〕妥協も承認もサステイナブルなオプションとして存在しない。ゾンビは、われわれの自由を嫌悪する。特に人肉を喰らわなくても済む自由を。ダン・オバノンの『バタリアン』でゾンビが次のように言っている。食屍鬼が脳ミソを喰らうのは、それが死の痛みを和らげる唯一の手段だからだ、と。

ネオコンは、ゾンビが世界政治の他のいかなるアクターとも変わらないとするリアリストの主張を嘲笑い、また、グローバル・ガバナンスの諸制度によってゾンビに対処できるというリベラルの主張をも嘲笑う。人類による覇権の持続を確かなものとするために、この学派は、代わりに攻撃的で軍事化された対応を推奨する。食屍鬼が向かってくるのを待っているよりも、ネオコンは、アンデッドに対して先制攻撃を仕掛ける政策オプションを推奨するのだ。彼らが好む政策は、ゾンビによって汚染された地域の中心部への武装侵攻である。食屍鬼によって汚染された地域への兵力の配備は、二つの目的を持つ。第一に、それはゾンビに支配地域の拡大から気を逸らさせる〝ハエ取り紙〟的な役割を果たす。第二に、このような武力行使は、結果として、沼地のように広がるアンデッドの脅威を排除するものとなる。

ゾンビに対するネオコンの政策選好は、電撃的な勝利を可能にする軍事革命を前提とする。[8]

このような軍事ドクトリンに基づき、ネオコンは、航空戦力と特殊部隊に重点を置いたハイテクのコンバット戦術に依拠し、アンデッドにショックを与え、恐怖を与え、そして、屈服へと追い込むことを推奨する。ハードコアなネオコンの立場からするなら、アメリカが軍事力を行使することによって、新しいリアリティが創造されるのだ。そこではゾンビは、アンデッドの国家を解消し、人間様のコミュニティへと復帰することを切望するようになる。[9] 穏健なネオコンは、もう少し微妙な立場を採るだろう。彼らは、ゾンビに汚染された地域の中心部に人類の前哨基地を設置すれば、しかる後に、ゾンビに苦しむ近隣諸国の人類が鼓舞されて立ち上がり、アンデッドの抑圧から自らを解放するだろうと想定する。すべてのネオコンは、アンデッドに対する十字軍を、アメリカが提供すべき最良の美徳を具現する尚武精神と民族の偉大さに値するものとして歓迎するだろう。[10]

ネオコンの軍事ドクトリンは、ゾンビの影響に対し、いかにしてベストの対応を行うかという既存の研究と整合的であるという点で、賞賛に値する。[11] 対ゾンビ戦争は、確かに悪そのものに対する戦争なのだ。[12] しかし、長期的に見た場合、ネオコンの他の要素が、彼らの初期プランの実行可能性を低下させる。たとえば、ネオコンは、しばしば、すべての敵は単一の悪の枢軸、もしくは邪悪な敵の同盟の一部であると想定しがちである。たしかに、このような想定は、ゾンビに限っては正しいかもしれないが、ネオコンがそこでとどまる可能性は低い。ネオコンが権威主義に対して持つ敵意のため、彼らはゾンビと独裁者を同じ穴のムジナとして捉える傾向にある。彼らは不可避的に、復活した屍体を、アンデッドの軍隊に加えて、イラン、シリア、ヒズボラ、ハマス、アルカイーダ、中国、ロシアなどを含んだ、「邪悪な死者の枢軸」に対する巨大な第四次世界大戦の一部とみなすこととなる。[13] 敵のリストの長大化は、広範な連合に基づく戦争の試みを妨げ、ゾンビに対するグローバルな戦争の軍事的有効性を阻害するのだ。

さらに、地上軍の投入を控え目にした「ショックと恐怖」の軍事ドクトリンは、アンデッドに対する軍事作戦としては大失敗に終わることが判明するだろう。ブルックスが『ワールド・ウォー・ゼット』でも描いているように、このドクトリンはゾンビに対してまったく効果を持たないものなのだ。「敵に対してショックと恐怖を与えられない場合、どうなるのだろうか。そうならないというのではなく、生物学的に不可能な場合は？」と。[14] 実際、このような戦略は、食屍鬼の数を津波のように増大させるだけである。歴史に学ぶところがあるとするなら、初期の占領軍は、早々に撤退させられることとなる。長期的には、軍事力は、延々と続くアンデッドの血塗れの反乱に絡め取られる可能性がある。もとからいた人間の住人たちは、ゾンビの大群に立ち向かうアメリカ軍の能力に対して、早々に疑念を抱くようになるだろう。

まだゾンビに汚染されていない地域をクリーンなまま維持するために大量の兵員と物資を増派したとしても、食屍鬼に対するネオコンのアプローチは、長期的にはまったく成功をもたらさない。そのコストは驚くべきものとなるだろう。増派戦略の失敗によって、不可避的に、映画『二十八週後…』で示されたような破局へと導かれてゆくこととなるのだ。この映画の後半でゾンビ・アウトブレイクが発生した際、軍隊は早々に、相手が感染しているかどうかに関わらず発砲することを命じられている。思いやり深い軍医のスカーレットは、感染爆発の際の軍隊の思考様式について次のように説明している。「すべては説明のつくことだ。彼らはコード・レッドを発動している。ステップ1は、感染者の殺害。ステップ2は、封じ込め。もし、封じ込めに失敗したら、ステップ3の殲滅だ。」映画のラストでは、ロンドン爆撃も含む究極の手段を講じたにも関わらず、ゾンビへの感染は、隔離地域からユーラシア大陸全体へと拡散してゆくのだった。

第8章　ゾンビの社会的構築性

小説『ワールド・ウォー・ゼット』

構成主義は、広く学問的な認知を得た国際関係論のパラダイムとしては、最新のものである。リアリストやリベラルのパラダイムと同様に、構成主義的アプローチにも非常に多くの種類が存在する。[1] しかし、構成主義のアプローチは全体として、国際政治に関して幾つかの核心となる前提を共有している。このように共有された前提と因果的メカニズムが、二つの教義をめぐって展開することとなる。二つの教義とは、「リアリティの社会的構築性」と、国際政治の舞台において様々な行為を説明・解釈する際の「アイデンティティの重要性」である。

経済的な富や軍事力のような物質的要因も重要だが、構成主義者にとってより重要なのは、そのような物質面での能力の意味をフィルタリングし解釈する社会構造である。たとえば、ゾンビは「社会的世界（social world）」〔アルフレッド・シュッツに代表される現象学的社会学の術語〕の中で、唯一の人肉を渇望する主体であるというわけではない。人食い人種やサメ、腹ペコの熊なども、チャンスとやる気さえあれば、人類をターゲットにするだろう。そうであるにも関わらず、ゾンビは、人類に対する、より大きな脅威として認識される。これは、なぜか。物質的要因を考察してみよう。われわれの知る限りでは、熊は人間を嚙むことで、嚙んだ相手を熊に変身させることはない。しかしながら、構成主義者の議論によると、これでは不完全な説明である。ゾンビは、生命の維持や快楽のためにお互いを喰らい合わないという、強力な「人類の規範」に対して脅威を与えるがために、結果的に安全保障上の深刻な懸念を引き起こすのだ。

構成主義者は、国際政治における行為に対して、トランスナショナルな規範が強力な制約となっていることを主張する。たとえば、核兵器は人類の歴史を通じて最も強力な破壊力を持つものだが、それは一九四五年以降、実際に使用されることはなかった。社会的構成主義者は、時間をかけて、それを使用することに関するタブーが形成されて来たのだと論じる。[2] 様々な社会の中で、アクターは通常、強力な規範には抵触しないようにする。なぜなら、彼らは自分の仲間から排斥されることを望まないからだ。構成主義者は、グローバルな社会の中でも、このような効果が存在していると主張する。すなわち、およそ、各国政府は、国際的なコミュニティの中で他のアクターから排斥されることを免れたいものなのである。[3]

構成主義のパラダイムにとって、アクター自身とその選好を定義づける際にアイデンティティが果たす役割もまた重要である。アイデンティティは、相互認知を通じて形成・構築される。権威あるアクターは、国際社会で正統なものであるとみなされるが、それは、自己認識だけではなく、他のアクターがそれを正統なものと認知するからである。国家を含むが、それだけには限られない国際政治のアクターは、一面において、自らを〝他者〟から区別することによって定義づける。[4]このことは、すべてのアクターに対して、国際政治における自らの行為と信念を導く、広い意味での存在論的な安心感を提供する。[5]ゾンビはかつて人間であったものが甦ったものなので、飢えた人肉喰らいの屍体は、人間を自らのアイデンティティに関して、自らのそれがどれくらいゾンビと異なっているのかという不安に陥れるのだ。

ゾンビの基本原則の重要な要素は、構成主義的な傾向を持っている。文化批評家の観察によるなら、ゾンビ映画の恐怖は、個別の食屍鬼ではなく、絶えず拡大し続ける彼らのコミュニティを原因としている。[6]別の言い方をするなら、大量の人びとがアンデッドの側へと社会化される時にこそ、恐怖が増大することとなる。同様に、ゾンビ映画は、食屍鬼と人間のアイデンティティの違いについての疑問を執拗に提起する。このような疑問は、人間を擁護する側からの相当な不安、そして時として悪夢を惹起する。ゾンビ・ジャンルを文化的に分析した最近のある観察によるなら、「ゾンビ映画の多くに顕著なのは、ゾンビ感染を引き起こした疫病／事故／エイリアンの侵略などの生存者が、自分たちとゾンビをほとんど区別しない点である」。すなわち、それはちょうど、俺らって変わらないよな（as you are, so too am I）という話と同じなのだ。[7]ジョージ・ロメロの映画の登場人物は、必ず、生者とアンデッドの類似性についてコメントしている。『ナイト・オブ・ザ・リビング・デッド』（一九六八）において、ゾンビの行動とゾンビを狩る人びとの行動は、ほとんど区別できない。『ゾンビ』（一九七八）と『死霊のえじき』（一九八五）双方の登場人物は、ゾンビについて論じるにあたって、端的に「奴らは俺たち自身なんだ（They're us.）」と宣言している。

社会構成主義は、墓場から甦ったアンデッドのような超常現象に対処する際には、自らの立場が他のパラダイムよりも優れていると主張することも可能だろう。先にも述べたように、構成主義者は、たとえばＵＦＯのような他の超常現象についての検討をも行っている。しかしながら、このような既存の理論的主張のゾンビへの適用可能性には疑問がある。アレクサンダー・ウェントとレイモンド・デュヴァルによる、地球外のエイリアンの存在を公式に否認した形での構成主義的説明は、エイリアンは人類よりも優れたテクノロジーを所有しているという考えを前提としている。[8] エイリアンのテクノロジー上の優位は、人類の世界観における人間中心主義を無効化する。従って、ＵＦＯの存在は、その存在を公式に認めることが、地球という惑星上でのホモ・サピエンスの主権を危機に晒す可能性があるので認められない。ゾンビは、既に死んでいるという点で人間に対する競争的優位を有している一方で、彼らのテクノロジー上の能力は極めて低いものにとどまる。実際、ウェントとデュヴァルの議論は、ヴァンパイアやゴースト、エルヴィス・プレスリーやネッシー、いわんやゾンビには拡張し得ないものなのだ。残念ながら、ＵＦＯにまつわる議論に固有のタイプの構成主義を発展させても、理論的に行き詰まるだけなのである。

さりはさりとて、構成主義のパラダイム自体は、有益な予測と政策提言を提供してくれる。アンデッドの発生による外生的な衝撃に直面したら、構成主義者は間違いなく、ゾンビは人間によってゾンビとされたものだと主張することとなる。[9] すなわち、ゾンビに対応して発生する数多くの規範が存在することとなるのだ。一つの可能的帰結は、人間がゾンビと同じように互いを襲い合う「殺るか、殺られるか」というホッブズ的シナリオである。ほとんどのゾンビの基本原則と同様に、リビング・デッドの発生に対する自然な対応は、真性のアナーキーへと至るパニックそのものであるとする研究も存在する。[10]

一方、ほとんどの構成主義者は、代わりに、各国政府がアンデッドの脅威に対抗するために主権と資源を共有し合う、カント的な〝多元的な対ゾンビ安全保障コミュニティ〟が成立する可能性が高いだろうと想定する。[11] 個人が人為的もしくは自然の災害に対してどのように対応するかということに関する経験的調査によれば、ジョージ・ロメロの作品で予想されている帰結よりも、この想定の方が高い可能性を持っている。[12] レベッカ・ソルニット〔『災害ユートピア』の著者〕によれば、「地震や爆撃、巨大な嵐などが起こった際、人びとは利他的であり、自分自身だけでなく、身の回りの友人や愛する者たちと同様に、すぐに見知らぬ人や隣人の面倒を看ることとなる。自己中心的になったり、パニックに陥ったり、退化したかのような野蛮な災害時の人間性というのは、まったく真実ではない。[13]」さらに人類学的研究によるなら、資源が極端に窮乏した場合にだけ、人びとはコミュニティの中でお互いを襲うようになるという。[14]

もし、食屍鬼が災害の原因であるのなら、このことはより強力な形で実現することとなる。ゾンビの存在は、初期において幾分かの存在論的な安心感を醸成するだろうが、時間の経過と共に、ゾンビによる脅威の容赦なさは、人間に強力な集合的アイデンティティを形成させるはずである。なぜなら、彼ら人間は生者の内臓を消費する内在的な衝動を持ち合わせてはいないからだ。[15]このようなアイデンティティの共有感覚は、他面において、より存在論的な安心感を育む。実際、ゾンビによる実存的危機は、ナショナリズムによる分断を打ち崩し、世界国家の創造を進展させるために必要な外生的なショックであると主張する構成主義者も存在する。[16]

重要なアクターをゾンビに対応して「多元的な安全保障共同体」〔カール・ドイッチュのコンセプト〕の形成へと促すために、構成主義者は、二つの論争的ではあるが具体的な政策提言を提供する。第一の先制攻撃は、これまでに作られたゾンビ映画のすべてのフィルムを破壊することである。意図するとせざるに関わらず、構成主義者は、ゾンビに関するナラティブの一貫性が、〃黙示録の神話〃を社会的に構築しているのだと主張する。フランク・フレディによるなら、「災害の経験は、それが大規模なものであってもそうでなくても、社会的な現象であり、それは大衆の文化的イマジネーションを媒介としたものである。」[17]パニックや災害、大混乱などを示唆する文化的ナラティブは、現実の世界に対しての影響を持ち得る。[18]もし、すべての人が、リビング・デッドが発生してパニックやディストピアを引き起こすことを期待するなら、そのような誤った認識は高い確率で現実のものとなるかもしれない。ゾンビの基本原則は、犬が互いに喰らい合う（人間が互いに喰らい合う）ようなゾンビ的黙示録の性格を強調する。そのようなイメージは、エリートと大衆いずれの認識においても、強固なものとなる。最低限、マックス・ブルックスの小説『ワールド・ウォー・ゼット』（二〇〇六）でも偶然ではない形でそうなっているように、直面した際に食屍鬼が見せる強靭さについて、セキュリティ関連機関は、対抗的ナラティブの形成を援助しなければならない。

第二の政策的示唆は、ゾンビを人間文化へと社会化するというものである。ジェン・ウェブとサム・バーナードによるなら、「ゾンビは社会的に孤立したものではない。彼らは集団で、つまり構築された社会的環境の中にいることを好む。[19]」ロメロの『死霊のえじき』で、ローガン博士は、人間の社会がゾンビを社会化する可能性について認めつつ、彼らが「かろうじて社会的行動を開始しよう」としているのだと言っている。これこそが、彼らがバブを〝訓練〟しようと努力している目的なのだ。同様に、エドガー・ライトの『ショーン・オブ・ザ・デッド』の最後では、英国社会で生き残ったゾンビが、ゲームショーの競技者や昼間のトークショーのゲスト、スーパーの店員、テレビゲームのプレイヤーなどとして、社会に再統合される光景をモンタージュとして映し出している。これは、社会構成主義の研究者によって提唱された社会化の努力と整合的なものである。もし、アンデッドが再び人間に戻ったかのように行動するようになれるなら、彼らは食屍鬼としてのアイデンティティを放棄したのだと、構成主義者は想定する。

このような政策提言は、いったんゾンビが地上を歩き回るようになったら、彼らが自らのコントロールを越えて増殖する前に、人間が彼らを社会化することができると想定している。しかしながら、食屍鬼の数が「臨界量（critical mass）」を突破したなら、構成主義のパラダイムは、非常に異なった想定を行うこととなる。構成主義者は、リビング・デッドの増殖から緊急の〝規範カスケード〟を予測する。[20] 規範カスケードは、同調圧力と同じように働くこととなるのだ。つまり、そこでは、人びとは他人が特定の行為規範に執着するのを見て、さらにその規範に従うようになるのだ。より多くの人びとがアンデッド派に転身させられると、残された人間は、ゾンビの風習に従う物質的・社会的な圧力を感じることとなる。

「同調ミーム（conformity meme）」〔ミームとは、文化を形成する様々な情報であり、人の心から心へとコピーされるもので、遺伝子との類推で説明される〕は、ゾンビの基本原則の中で繰り返し現れて来る。『ワールド・ウォー・ゼット』でブルックスは、〝売国奴〟の存在について述べている。つまり、ゾンビであるかのように行動する人間のことだ。ある登場人物は、それらのことを次のように述べている。「この人たちは物理的にはゾンビではないが、心理的にはゾンビと区別できない。」[21]『ショーン・オブ・ザ・デッド』で、主役級の登場人物たちは、ゾンビの中に紛れ込むために、足を引きずったり、唸ったりする。ルーベン・フライシャーの『ゾンビランド』（二〇〇九）では、夜間に外出するためにビル・マーレイ〔『ロスト・イン・トランスレーション』の主役などを演じたアメリカの俳優〕がゾンビの扮装をする。たとえ人間が生き残るためだけにゾンビの規範を採用したとしても、時間の経過と共に、このような行為が彼らのアイデンティティを構成するようになる。

規範は、それに従うものの数の増大と慣習それ自体の内在的魅力が組み合わさることによって、一般的に受容される。生きた人間の肉を喰らうというような考え方は必然的に退けられるとしても、ゾンビの他の生活様式は多くの人間にとって魅力的なものだろう。リビング・デッドは風呂に入ったり、ひげを剃ったり、服を着替えたりしなくても良いし、自分たちの同類を外見で判断することもない。ゾンビは、人種や肌の色、民族、性的指向に基づいた差別をすることもない。彼らは常に大きな群れでいる。彼らは究極のエコを実践している。ゾンビは、どこにでも歩いて行き、オーガニック食材〔人肉〕しか食べない。このような記述は、多くの社会において変革の主体であるところの、典型的な大学生のライフスタイルの特徴を正確にとら

大学生のライフスタイルはゾンビと酷似している.

えている。ゾンビは、人類をゾンビが望むものへと導く、ソフト・パワーの隠された貯水池なのかもしれない。[22] もし、このような文化的前衛がゾンビ的な生活を望むのなら、残された人間たちは最終的にはゾンビの規範を内面化することになるだろう。それは、耳障りな唸り声、足を引きずって歩くこと、屍体を温め直したような臭いなどを含む。最終的には、社会化された人間とゾンビの双方は、悔い改めない人間の肉を渇望することとなる。この時点で、ゾンビのカテゴリーは、復活した死体に限定されなくなり、社会的構築物となるのだ。

第9章　国内政治…すべてのゾンビ政治はローカルか？

バイオハザードのアンブレラ社

これまで論じられてきた国際関係論のパラダイムは、その志向性において、第一義的にシステマティックなものであった。[*] 国際関係の変化に関するソースと国際政治についての説明は、国家やそれ以外のグローバルなアクターの相互作用によってもたらされる。システマティックなアプローチは洗練されたものではあるが、閉じた国内政治の中で繰り広げられる肌理の細かい権力闘争については見逃している。国内機関の構造や世論の状況、利益団体による圧力の配置などは、外交政策のリーダーが他のアクターと交渉する際、彼らのバーゲニング・ポジションに強力な制約を課すのである。[1]

しかしながら、〝セカンド・イメージ〟アプローチにまつわる概念上の困難は、その簡潔性の欠如にある。国内における諸機関や文化、そして態度のあり方は、国によって異なっており、このような国境を越えた差異を簡単な形に要約することは困難なのだ。たとえば、アメリカ映画におけるゾンビへの対応の仕方を、イギリス映画であるエドガー・ライトの『ショーン・オブ・ザ・デッド』（二〇〇四）のそれと比較対照してみればよい。アメリカ人は圧倒的に本能的なリアクションを見せ、きわめて頻繁に冒瀆の言葉を吐き、仲間が嚙まれた場合には迅速かつ積極的な対応を行う〔要するに、すぐ殺しちゃうということ〕。これに対して、イギリス人は、もっと抑え目の行動をとる傾向にある。ゾンビに嚙まれた人びとは、足手まといになるのを恐れ、その事実について仲間たちに伝えないことを選択する。リビング・デッドへの対応に関して、アメリカ人とイギリス人との間にこのような違いがあるのだとしたら、インドやロシア、中国などの多種多様な国民性に基づいた対応は、どれほど異質なものとなるだろうか。

各国の国内政治の異質性を踏まえた整合的かつ簡素な理論を作り出すのは困難である。[2] このような困難を緩和するために、このセクションでは、アメリカの国内政治に焦点をあわせることにする。合衆国は、連邦政府がアメリカ社会の利害による影響に晒されている点で、〝弱い〟

＊　ここでのキーワードは「第一義的に」という語である。リベラルやリアリスト、そして構成主義者の理論のそれぞれが出自において純粋に、システマティックであると主張するかもしれないが、それらのすべては、どこかで、セカンド・イメージ（国内政治）とファースト・イメージ（個人）の双方に手を突っ込んでいることとなるのだ〔〝ファースト・イメージ〟、〝セカンド・イメージ〟はケネス・ウォルツの初期の著作『人間、国家、戦争（Man, the State and War）』で提示された概念枠組み。戦争の原因を考察する際の視角として提示されたもので、人間性格＝個人（First Image）、国内政治（Second Image）、そして国際構造（Third Image）の三つからなる〕。

るだろう。

政策立案国家であると認識されている。[3] 国内の態度や利害、そして機関などの影響が最も明らかになるのは、合衆国においてなので、それらの観察は、合衆国においてこそ容易なものとなるだろう。

ゾンビの発生に対応したグローバルな政策への影響という点で、国内政治の次元は何らかの重要な役割を果たすのだろうか。ぱっと見た限りでは、行政部門以外の国内機関は、ゾンビ問題に関しては、さほど重要ではないように思われる。リビング・デッドの発生は、本土安全保障への切迫した脅威を惹起する。そのような切迫した脅威に晒された際のあらゆる政策的手段を、政府の行政部門は保有している。大統領は、武装した軍隊の指揮を執り、州兵を招集し、また、各国と交渉したりすることになるだろう。良くも悪くも、行政部門と対抗関係にある立法府や司法府などの機関は、大災害のただ中のリアルタイムの政策形成や危機管理の過程では、最小限の役割しか果たさない。[4] 分割政府〔大統領の支持政党と上下両院のいずれか、もしくは両方の過半数を占める政党が異なっている状態〕のもとで、野党が下院で過半数を占める場合には、立法府は長期にわたって行政部門の政策的自律性に制約を加えることができる。しかし、議会の影響力が果たす役割を強調する研究者でさえも、真のグローバルな危機は、行政部門の自律性を向上させるだろうと認めている。[5] 人肉を喰らうゾンビは、まさにそのような意味での緊急事態とみなされる。

理論的には、世論もまた、行政のアクションに対して、すぐさま制約をかけることはしない。最低でも、ゾンビの発生に対して、最初は〝旗の下への結集（rally round the flag）〟現象が起こることが期待される。[6] 国家が危機に瀕した場合、国民は、愛国心を示して、国家元首を強力に支持するものであり、このような効果は長く持続するだろう。世論調査によれば、アメリカ人は、国家の安全保障に対する脅威が深刻なものであり、なおかつ勝利の見込みがあると信じられるなら、喜んで犠牲とコストを払うという。[7] 初期のゾンビ対策が十分に力強いものであったなら、有権者は現職のリーダーに対して強力な支持で報いることが期待される。[8]

しかしながら、長期的には、大衆の感情は対ゾンビ政策に対して重大な制約を課してくる。アダム・スミス以来、学者たちの観察によるなら、大衆は、外国の問題よりも、自分たちの地元の問題の方がはるかに重要だと思うものなのだ。[9] 実際、アダム・スミスの『道徳感情論』の第三巻第三章の重要なパッセージをここでの意図に沿った形でアップデートするなら、以下のようなものとなる。

無数の住民を抱えた大中華帝国が突如としてアンデッド疫に呑み込まれてしまったと仮定し、そのような世界の一角とは縁もゆかりもないヒューマニティに満ちたヨーロッパの人間が、この恐るべき大災害の報に接したなら、彼は、どのような影響を受けるだろうか。

私が想像するところ、彼は、まずもって、そのような不幸な人びとの不運を非常に深く哀悼し、命が消えた後にも存在し続けるゾンビの汚らわしさと同時に、人間の生の儚さについて陰鬱な内省をめぐらすこととなるだろう。また、彼自身が投機的な人間であるなら、この災禍がヨーロッパ商業や、世界の通商とビジネス一般にもたらす影響に関しての推察をも行うことだろう。そして、このようなご立派な哲学的観想が終わり、慈悲深い感情がひとしきり吐露され尽くしたなら、あたかもそんな出来事はありもしなかったかのように以前と変わらぬ気軽さと平静心で、彼は自分のビジネスを追求し、あるいは、休憩したり気晴らしをしたりすることになる。彼自身に降りかかる最も取るに足らない災禍こそが、彼にとっての現実の平静を乱すものなのだ。もし、彼が明日には小指をなくしてしまう運命にあるのだとしたら、今夜は寝つけないことだろう。しかし、彼が自らのそのような運命を知らないでいるのなら、数百万の中国ゾンビによる廃墟の夢を見ながら、これ以上ないほど安らかにイビキをかいて眠りにつくだろうし、膨大な数のアンデッドの存在は、端的に自分の取るに足らない不運よりも興味をひかない対象にしか見えないことだろう。しかしながら、いったん彼の指が食屍鬼に嚙まれてしまったら、彼の反応がどれくらい猛烈なものになるかは、誰にも分からない。

従って、グローバルにゾンビ問題と戦おうとする、いかなる努力も、国内における強力なゾンビ対策としっかりと結びつけられていなければならない。たとえそうであったとしても、〝ゾンビ疲れ〟が海外での作戦への大衆の支持を次第に蝕むのを想像することは容易である。* 時間の経過と共に、大衆の感情は、血を流し高いコストを支払う現在進行形の広域にわたる軍事作戦からは、離反することとなるだろう。これは、そのような作戦の外交政策上の利益にも関わらず真実なのだ。最近の世論調査のデータが示すところによるなら、深刻な経済的不況と結びついた形での軍事紛争の長期化は、アメリカの大衆をますます孤立主義へと導くことがわかっている。[10] もっともカリスマ的な最高司令官〔大統領〕でさえ、不機嫌なアメリカの大衆と相対する時には、〝握手（press the flesh）〟戦略の限界に直面することとなる。

利益団体は、多種多様な方法で、国家の対内的および対外的な対ゾンビ政策に影響を与えることができる。リビング・デッドの抹殺を制約することに巨大な利害を有する集団が存在している。ゾンビに対する攻撃をサボタージュすることに、もっとも切迫した利害関係を有しているアクターは、既にゾンビに嚙まれた人びとと、彼らのまだ人間である親族である。定義上、

＊　ゾンビ感染が広がった他国からやって来た人びとに対する大衆の敵意は、また別個に予想される帰結である。

人間は嚙まれた瞬間に、不可避的にゾンビとなることが定まっている。この事実は、彼らの選好を劇的に変容させる。このような心理的な変化は、多くのゾンビ映画に見いだされる。ジョージ・ロメロの『ランド・オブ・ザ・デッド』（二〇〇五）で、登場人物のチョロは、映画の冒頭では最も好戦的でアンチ・ゾンビ的な態度をとっていた。しかし、自分自身が嚙まれた後には、「ゾンビがどんな感じで暮らしているのかを理解したい」と心に期すようになっている。ピーター・ジャクソンの『デッド・アライブ』（二〇〇二）では、ロメロの『ゾンビ』（一九七八）や『サバイバル・オブ・ザ・デッド』（二〇一〇）と同様に、家族がアンデッドになってしまった者たちをセキュリティ要員や自警団から隠すのだ。

明らかに、まもなく食屍鬼になってしまう者とその親族は、政策の実行を邪魔する。逆説的ではあるが、早期の対策を実施し損なってしまうと、政府はより極端な手段を追求せざるを得なくなる。しかし、そうすると今度は、さらに強力な大衆からのバックラッシュが引き起こされることとなる。ロメロの『ゾンビ』では、ゾンビ問題がコントロール不能になる原因の一つは、戒厳令の布告や個人住宅の放棄、そして、愛するものの骨から肉を嚙り取るアンデッドとなった親族の抹殺といった、政府の非情な対策と提言に対する大衆の敵意なのだ。

まもなくアンデッドになってしまう者と彼らの親族は、政策の実施を妨げるかもしれないが、彼らはあまりにも断片化され短い命しか持たない集団なので、ただちに政策形成に影響を与えることはない。しかし、軍需産業は、これとは全く別の問題である。このアクターは、ゾンビと戦う際の資源分配に関して重大な利害関係を有している。イマジネーションを飛躍させて、一致団結したゾンビ産業複合体の登場を想像したりするのは、やや無理があるかもしれないが、安全保障セクターの企業の中にはゾンビの軍事的転用に興味を惹かれるものも出てくるかもしれない。多くのケースにおいて、『バタリアン』（ダン・オバノン監督、一九八五）、『プラネット・テラー』（ロバート・ロドリゲス監督、二〇〇七）、『ゾンビ・ストリッパー』（ジェイ・リー監督、二〇〇八）、そしてバイオハザート・シリーズなどの映画では、彼らこそが、ゾンビ問題の生みの親なのだ。たとえ私企業が、アンデッドによる脅威の原因ではないとしても、それらは間違いなく、死者の細胞組織の再生によって引き起こされた研究開発の機会を活用することに興味を示すだろう。

資本に対する国家の構造的依存性は、もしゾンビ問題が持続するなら、これらの企業が適応・緩和戦略（adaptation and mitigation strategies）[11]に対して深刻な制約となり得ることを示唆している。安全保障機能を民間の請負へとアウトソーシングするように促す（もちろん企業の儲けになる契約を通じた）企業からの政府への圧力は、猛烈なものとなるだろう。[12]また、従来の非常に高額な軍事契約を排除することに対する抵抗は熾烈である。製薬会社は、アンデッド問題の治療法とワクチンを開発するための巨額の補助金を得るためにロビーイングを行うだろう。たとえ、そのような治療が医学的にはあり得ないものだったとしても。軍需産業は、捕まえた食屍鬼を倉庫に入れて実験に使うことを許容するようなアプローチを好むので、ゾンビの完全抹殺戦略に対しては抵抗するだろう。もし、異なった国に本社を置く複数の企業が同じようなアプローチをとるなら、それは国家間の信頼の崩壊を招くこととなる。国内の多元的な圧力は、人肉を貪る食屍鬼を阻止しようとするマルチラテラルな努力を妨害するのである。[13]

国内政治の方面からの政策的提言は、比較的ストレートなものである。明らかに、ゾンビからの攻撃に対する初期段階での政策的対応こそが重要なのだ。この時期は、ゾンビへの対抗手段に対する国内的制約が最も小さい時期である。政府が最初から明確かつ整合的で、適切な政策行動を行うことができるなら、政策的自律性に対する国内からの圧力は穏当なものにとどまるはずである。それに引き続く第二弾の提言として、政府は、〝旗の下への結集〟現象を可能な限り長く持続させるために、プロパガンダその他の政治的戦術を用いることへと駆り立てられることとなる。

しかし、初期の政策的誤りによってゾンビ問題が持続するようなら、ゾンビ化した者の親族からの抵抗や、アンデッドを破壊し切ってしまうことの兵站上の困難さから、グローバルな政策の確定において、国内政治がますます重要な役割を果たすようになってしまう。立法府は緩慢にしか発言をしなくなり、利益集団は政策オプションに制約を加え、大衆はリビング・デッド禍を除去するための広域にわたる軍事作戦に対して反抗的になってゆくだろう。もし、このような結果が多くの国を越えた形で起こるとしたら、アンデッドと戦うための意義ある国際協力のためのバーゲニング（交渉・取引）のコアは、緩やかに崩壊することとなるだろう。

第10章　官僚政治…ゾンビにまつわる〝押し合いへし合い〟

米疾病管理予防センター（ジョージア州アトランタ）

〔多数の自主的アクターが存在する政策決定過程では、政策決定というゲームに参加するプレイヤーの数自体が増えるため、トップに立つリーダーの役割も主体的に政策を決定するよりも、レフェリー的なものとなる。その結果、アクター間の押し合いへし合い（pulling and hauling）により、必ずしも合理的ではない政策決定も下されかねないこととなる〕

これまで述べてきたパラダイムは、そのすべてが、一つの暗黙の前提を共有している。すなわち、国際機関と各国の安全保障当局は、死者が地上を歩き回るようになったら、機敏かつ抜け目なくアクションを起こすだろうという前提である。

しかし、これは、それほど明白なことではない。国際機関は、しばしば、その創設時の理想に沿うことができないものである。政治化された人事の決定や政策の漂流は、これらの機関を速やかに機能不全へと陥れる。[1] 国内官庁もまた、同様の問題で苦しむ。[2] 官僚政治に関する古典的な研究は、異なったアジェンダを有する多数の機関間の〝押し合いへし合い〟の結果として、外交政策や安全保障政策をモデル化してきた。[3] 機関に関する理論家には、政治的機関は〝組織化されたアナーキー〟のようなものであり、そこでは、一方的に自分の主張する解決案を売り歩くような、官僚の皮を被った起業家たちが、解決策ではなく問題を探そうとするのだ、と主張したりもする。[4] 多くの政治学者は、立法府あるいは行政府に限らず、そこに存在する政治的アクターは、政治的コントロールを維持するために官僚の能力を損なうことになると論じている。[5] その結果として出てくる政策的アウトプットは、しばしば理想からはかけ離れたものとなる。

単一の官僚制の中では、組織文化が新たな環境への柔軟性と適応力への制約となり得る。すべての官庁は、ルーチンな問題を効率的に処理するために、標準作業手続（ＳＯＰｓ…Standard Operating Procedures）を作り出す。[6] しかし、このような標準作業手続は、官僚制が新たな脅威や挑戦に適応する際の制約となる。合衆国の安全保障やインテリジェンスを担う官庁が、九一一の攻撃の発生後に自らを改善することに失敗したことは、官僚政治と組織文化が、政策立案に深刻な困難を課す可能性があることを明らかにしている。[7] もし、官僚の争いや組織の病理が効果的な対テロ政策を阻害するものであるのならば、それが対ゾンビ政策に対してどのような影響を与えるのかを想像してみればよい。官僚たちの縄張り争いは、語のあらゆる意味で血なまぐさいものとなるだろう。

アンデッドの蜂起を鎮圧するためには、相当な数の省庁間の調整を行う必要がある。合衆国では、国務省、国防総省、司法省、本土安全保障局、運輸省、保健社会福祉省などが果たす大きな役割を容易に想像することができる。これは、連邦緊急事態管理庁や環境保護庁、食品医薬品局、疾病管理予防センター、そして無数のインテリジェンス機関などの独立もしくは半独立の官庁を含んでいない。十年前、アンソニー・コーズマンは、バイオテロと戦う連邦の官僚機構が四十四個あると指摘した。今日でも、同じくらいの数がその中に含まれていると考えてよいだろう。[8] 正規の軍隊、州兵部隊、地元警察と緊急時の要員の間での協力も必要である。近代的な官僚制を持った他の国も、同じような調整問題に直面することになるだろう。

官僚制がアンデッドの軍団に対して適応できるかどうかは、未解決の問題である。ゾンビの基本原則は、脳なしの官僚たちがアンデッド問題を処理する能力に対して、致命的な疑いを抱いている。たとえば、ブライアン・キーンの小説『ライジング』(二〇〇三)では、合衆国政府は、ほぼ瞬時に崩壊してしまう。最初の引き金は、シークレット・サービスの標準作業手続の変更の困難さにあった。大統領は、ゾンビになってしまった後、国務長官を喰らい始める。その結果、「あるシークレット・サービスのエージェントが、アンデッドとなった最高司令官に銃を向けたところ、別のエージェントはこの一人目のエージェントを即座に撃ったのだ。[9]」官僚の選好を占う際、その官僚の立場は、彼が誰を食べるかに依存しているかで占うこととなる

官僚の縄張り争いはあらゆる意味で血なまぐさいものとなるだろう.

のである。

実際、現存するすべてのゾンビ・ナラティブに共通している特徴は、官僚制の不規則性とその無能さである。ジョージ・ロメロの『ナイト・オブ・ザ・リビング・デッド』（一九六八）では、当局が大衆に対して矛盾した情報を提供する。最初、彼らは人びとに自宅にとどまるように指示していたが、後になると、いきなり立場を変えて、緊急避難センターへ行くようにと勧告するようになる。なぜ甦った屍体が人を食べるのかということに関して、軍人と科学者がテレビカメラの前で言い争う光景も登場する。ロメロの『ゾンビ』（一九七八）では、SWATによるアパートへの襲撃が場違いに行われ、市民と警察官の双方が不必要に命を失う。大量の人びとの遺棄と部隊の結束の崩壊は、ロメロの映画の中に繰り返し現れてくるテーマである。『死霊のえじき』（一九八五）では、兵士と科学者のチームが、組織の機能不全のモデルを提供してくれる。ここでの軍隊のリーダーは、ほとんど気の狂った人物であり、もう一人のリーダーである文民の科学者は、彼よりは、もう少しましである。『ランド・オブ・ザ・デッド』（二〇〇五）では、部隊がゴロツキと化して、政治的リーダーを脅迫するに至る。『ダイアリー・オブ・ザ・デッド』（二〇〇八）では、軍隊が現れる唯一の場面は、民間人の物資を略奪する時だけである。パニックの社会学の研究者でさえ、「危機における官僚制の問題点は、まさに災害映画が正しいということなのだ」と認めている。[10]

マックス・ブルックスも、ゾンビが発生したら、軍隊と民間人の双方が大きな失敗をおかすだろうと示唆している。彼の小説『ワールド・ウォー・ゼット』（二〇〇六）では、初期の食屍鬼拡散の重要な原因は、国家の安全保障やインテリジェンスを担い、強力な立場にいる官僚たちが、〝想定外〟の問題の存在を認めるのを拒んだからだと描かれている。アメリカ軍が最初の大規模な対ゾンビ作戦であるヨンカーズの会戦に臨んだ際、その戦術は状況に対してまったく不適切なものであることが判明したのだった。ブルックスは、兵士に語らせる形で、組織の病理を次のように要約して示す。

このご立派な射撃ポジションとやらをしつらえるのに、どれだけの時間とエネルギーを費やしたことか。遮蔽と潜伏が肝心だと言われたよ。遮蔽と潜伏だあ？　〝遮蔽〟っていうのは小火器や火砲、空中投下兵器から身を守るための物理的な覆いっていうか、通常の防御物のことだ。これから戦おうって連中にふさわしいと思うか？　ゾンビに空爆やら狙撃兵やらの掩護があるってのか？

いったい、いかなる天才様が俺たちにボディアーマーを着せようと思いついたのか？　この前の戦争の時、マスコミに防御が十分じゃないってお目玉を食らったからか？　だいたい生きてる死体を相手に、なんでヘルメットが要るんだよ？　ヘルメットが必要なのは俺らじゃない、奴らのほうだろうが！

作戦を遂行するのにどれだけの砲弾が必要とされるのか、誰一人考えなかったんだ。

入隊後、狙撃一筋でやってきたんだから、いざというときには楽々、敵の頭を撃ち抜けるはずだとお[11]？

これらの言葉はすべて、そのような劇的に新しい脅威に臨んだ際、政治的組織が露呈する固有の問題を示している。政治や標準作業手続、根深く偏った思考法などは、そのような戦略が生きた人間を貪り喰うというゾンビの目的達成を阻むことに失敗してしまうまでは、支配的であり続けるのである。

初期の作品でブルックスは、組織の能力と軍隊の文化に影響を与える補足的な問題を特定していた。つまり、兵站と士気の間に存在する不可避のギャップである。「人間の側とは違い、ゾンビの軍団はまったくの支援なしでやってゆけるのだ」と『ゾンビ・サバイバル・ガイド』（二〇〇三）では記している。「それは食料も弾薬も医学的な配慮も要求しない。士気の低さとか戦闘疲れとか、貧弱なリーダーシップのために苦しむことはない。パニックや脱走、徹底した叛乱などに屈することもないのだ。[12]」人間によって運営される安全保障機関は、間違いなく、これらの問題に直面することとなる。

この点でリバタリアンは間違いなく、その不快感を覚える非効率性と政府の官僚制の無能さに関する自らの確信を揺るぎないものと感じる。しかし、私的セクターの機関は、これらのナラティブでは、同様に悪しき働きをするものであることが注記されなければならない。先に述べた通り、利潤を追求する企業は、しばしば初期のゾンビ・アウトブレイクの引き金をひく要因となる。『ゾンビ』で、ニュース番組は、視聴率を維持するために賞味期限切れの緊急情報を放送する。『ワールド・ウォー・ゼット』では、起業家が手早く儲けるために、ゾンビ感染に対するインチキ療法を開発するのだ。

バイオハザード・シリーズに出てくるアンブレラ社は、ゾンビの基本原則の中でも抜きん出た企業の無能さを晒している。この多国籍企業の政治力が明白なものである一方で、その組織としての能力は非常に疑わしい。この映画シリーズでアンブレラ社は、社内の実験室のセキュリティを、突然停止したりするような不安定な人工知能にアウトソーシングしている。地位の低い従業員は、この企業の目的に対して全く忠誠心を持ち合わせていない。地位の高い会社の幹部は、何も達成することはできないが、当初意図したよりも急速にTウィルスを拡散させるような決断を下す。ゾンビ・ナラティブではユニークではあるが、このようなことは、企業がアンデッド感染に対する治療法を既に所有していても、発生する。企業アクターとしてのアンブレラ社の唯一の分かりやすい成功は、主要なメディアで自らの過去を隠蔽できたことだけである。

食屍鬼は、機械的な作業から破局に至るまでの組織の意思決定を導くように思われる。しかし、組織的な観点は、その観察だけでは終わらない。官僚制は不可避的に初期の過ちを犯す一方で、それが永続的に間違いを犯し続けると予測するのは無謀だろう。極端な強要や絶滅の脅威に晒された場合、政府の官僚制は、それに対する適応・克服を行う。実際、このような可能性を認識し損ねることが、ゾンビの基本原則の最大の盲点なのだ。もし、人間がゾンビよりも素早く思考することができるのなら、将来の争いにおける人間の側の最大の比較優位は、革新的な戦略戦術を開発できる点にある。多くの長期にわたるゾンビ・ストーリーは、ゾンビの進化を想定している。しかし、興味深いことに、それらの中で人間とその組織が、それに対してどのように適応するかについて論じているものは存在しない。

『ワールド・ウォー・ゼット』は、人間の適応という点では、最良の事例を提供している。ヨンカーズ会戦での惨敗の後、軍隊はその軍事ドクトリンを変更し始める。ほとんどの主要政府は、地理的によく定義された安全地帯を確保する大規模な戦略を即時に採用する。合衆国軍はロッキー山脈の西側まで撤退する。統合参謀本部の新しい議長は、軍事的な効率を最大化させるために〝資源／殺傷数比率（RKR）〟という指標を開発する。このようなプロセスの中で官僚制の敗者が出てくるが、[13]稀少性の強調は資源利用の合理化を強いる。ブルックスの小説で、ある登場人物は次のように語っている。「わたしがひどく驚かされたのは、〝殺傷率／資源比率〟思想が兵卒にまで広まったということだ。兵士が通りやバーや列車内でこう話してるの聞いたことがあるだろ？「Xなんて必要か？　あれ一個と同じ値段で十個のYが買えるし、そしたらZ〔ゾンビ〕が百倍殺せるぜ」とか。それどころか兵士たちは独自のアイデアを出し、信じられないくらいにコストパフォーマンスの高い武器（ツール）を発明し始めた。[14]」

従って、組織の観点からは、政府の諸官庁はゾンビからの攻撃に対抗する初期の段階においては過ちをおかすことが予測される。同様の観点からは、これらの組織は生態学的な圧力に晒され、生存繁栄のための適応と即興とを行うに至る。しかし、このような予測は、確率の問題なのだ。たとえば、ファン・カルロス・フレスディナージョの『二十八週後…』（二〇〇七）では、レイジ・ウィルスが国民を絶滅させた後のイギリスをNATO派遣軍が再占領している。指揮官たちは感染の危険を認識しているにも関わらず、彼らは救いがたいことに感染の再発生を防止できないのだ。

このようなパースペクティブが提供する政策的提言は、ストレートなものであり、それは最悪の組織的病理や縄張り争いを回避することを柱としている。官庁や官僚同士の「相手をいかに出し抜くか」という戦いは、いかにしてアンデッドを倒すのかという戦いよりも間違いなく熾烈なものとなる。政府は、食屍鬼が市民をムシャムシャ食べ始めてしまう前に、どの官庁が〝リード〟をとるのかを明示しておかなければならない。たとえば、ミラ・グラントの小説『フィード』（二〇一〇）では、疾病管理予防センターがリーダー的官庁となり、膨大な量の作業能力と安全保障能力を〔ゾンビに対抗する〕プロセスの中で蓄積してゆく。

おそらく、組織的な観点から最も強く提言されるべきことは、組織の階層秩序をフラットにするテクノロジーを活用し、情報を入手しやすくすることだろう。ネットワーク化された構造は、情報を速やかに収集・散布する能力を持つ。もし、国家機関と国際機関の双方が、よりネットワーク化された枠組みに信頼を置くなら、ゾンビが再発生したという末端のオペレーターからの情報は、可能な限り迅速に上層部へと送信されることとなる。これによってゾンビの出現に対する迅速な対応が加速され、最良の対ゾンビ戦略戦術が世界中に伝播することが可能となる。[15]

このような予測と提言に関しては、悲劇的なアイロニーが存在している。国内政治が対ゾンビ政策に対してどのような影響を与えるかということについての議論を思い出してみるとよい。すなわち、政府機関は、最初は制約を受けることなく行動することができるが、時間の経過と共に政治が強力な制約を課すこととなる。組織の観点からは、これとは逆の物語が描き出される。つまり、官僚制は時間の経過と共に改善されるのだ。もし、国内の政治的圧力と官僚政治の双方が、政府の政策に対して影響を与えるのならば、これらの複合的な影響は、二重の意味で悲惨な事態を引き起こす。政府の諸官庁は、悪しき意志決定を行う可能性が最も高い時に、最も高い自律性を有する。このような官僚制が、ゾンビという新たな緊急事態に適応するころには、官僚制は自らのパフォーマンスを阻害する政治的な障害に直面することとなるだろう。

第11章　人間だもの…アンデッドに対する心理学的反応

ラングレーから引っ越した米ＣＩＡ本部（バージニア州マクレーン）

ゾンビは、しばしば知性を欠いたものと想定されるが、人間もまた、しばしば、アンデッドの出現という新たな状況に対して、混乱と無知をもって対応してしまうことが注記されなければならない。実際、ゾンビ映画に登場する人間の行動をざっと見てみるなら、登場人物の、われわれを困惑させるような非合理的な行動が、いやでも目につくことになる。エドガー・ライトの『ショーン・オブ・ザ・デッド』（二〇〇四）で、主人公は、それが都会の人口密集地域にあったとしても、地元のパブの中こそが安全だと主張する。ルーベン・フライシャーの『ゾンビランド』（二〇〇九）で、幾人かの登場人物は、奇妙にもディズニーのようなテーマパークにはゾンビはいないはずだと確信している。ジョージ・ロメロの『ゾンビ』（一九七八）では、獲物を求めて徘徊するバイカーは、あたかも、そうすればゾンビを無能力化させることができるかのように、クリーム・パイを投げつけたりする。ダン・オバノンの『バタリアン』（一九八五）では、ゾンビは、ほとんどの人間の登場人物よりも賢い。ゾンビ映画は、愚かしさと自己破壊的な行為に充ち満ちている。

これは、何ら驚くべきことではない。ゾンビ・アウトブレイクは、恐怖や嫌悪、憎悪や不安などの強力な感情を糧として設計されたものであって、それは思慮深い行動からの逸脱を引き起こすものである。[1] ゾンビは、その姿が人間に近似している点で、所謂〝不気味の谷（The Uncanny Valley）〟の一番底に位置づけられる。つまり、彼らは即時に嫌悪と憎しみを引き起こすほど人間に似ているのだ[2]〔ロボットや他の非人間的対象に対する、人間の感情的反応に関するロボット工学上の概念。一九七〇年、ロボット工学者の森政弘が提唱した。森によるならは、人間のロボットに対する感情的反応は、ロボットの外観が人間のそれに近づくにつれて好意的・共感的なものとなるが、ある一点からは、人間側に強い嫌悪の感情を呼び起こすこととなる。この点を超えると再び、人間側の感情は、強い好感・共感へと転じることとなる。このような好悪感情の谷間にあたる人間への近似性の帯域を〝不気味の谷〟と呼ぶ〕。

ゾンビの拡散は、最大限の恐怖と不安を引き起こす疫病の要素を詰め込んだようなものである。AIDSやSARS、そしてH1N1に対する最初の反応において露呈したように、危機の発生源が新鮮なうちは、恐怖と猜疑心は深刻な効果を持つ。[3]

ゾンビの脅威に対する基本原則の中での対応が示唆するところによるなら、人間は、合理的選択理論の想定にも関わらず、血の通わない計算機械へと還元されることはない。すべての個々人は、感情に動かされない合理的な意志決定者の振る舞いから逸脱した行動を引き起こすような恐怖の感情や欠点を持っている。「ファースト・メージ〔個人〕」の理論家は、人間の行動に関するこのような傾向を見て、それらが国際政治の中で繰り返し現れてくるパターンへと翻訳できるかどうかを考える。[4]

リビング・デッド発生への政策的対応に影響を与えるような、人間の内面に組み込まれたた一群の認知的性質が存在する。おそらく、もっとも強力なのは、ある現象に関する新しい情報を処理する際の確証バイアス（confirmation bias）〔個人の先入観に基づいて他者を観察し、自分に都合のいい情報だけを集めて、それにより自己の先入観を補強するという現象〕の傾向性である。[5] すべての個々人は、世界がどう動いているのかを説明するために、自分のイデオロギーや認知的発見法（heuristics）、あるいは経験則などを持っている。尋常ではない例外的な出来事に直面した時、ほとんどの人は、自分が思い描いていた世界観と合致するような情報に焦点をあてることになる。彼らは、自らの行動を導くために歴史的な類推を用いるのだ。たとえ、そのような類推が不完全なものであったとしても。[6] 同時に、彼らは自分の考えと矛盾する情報は、無視したり、抑え込んだりする。ほとんどの人は、思い描いていた考えが劇的な政策的失敗へと至る場合にのみ、自分の世界観を考え直すのである。

実際、確証バイアスは、なぜ最初の対応者が、初期のゾンビ・アウトブレイクを食い止めるのに失敗しがちであるかよく説明している。予防的行動は、ゾンビが地上を歩き回っているという、論理中心主義的な世界観とは矛盾する事実を、論理的に結論づけることを要求する。ジョナサン・マーベリーの観察によれば、「ゾンビは敵対的な病原菌媒介者として認識されるべきであるが、そのような認識は、迅速かつ容易には実現しないものだし、また初期段階においてはおそらく全く実現しない。[7]」この点に関して、マックス・ブルックスはさらに強調しており、「いかなるタイプの政府も、人間の集合体にすぎない。そこでの人間とは、われわれと同様に、恐怖に満ち、近視眼的であり、傲慢かつ偏狭で、全体として無能である。ほとんどの人が血に飢えて歩き回る死骸の存在を認識したり、それに対処したりしようとはしていないのに、なぜ政府がそのような認識・対処を進んで行うのだろうか。[8]」

　国際関係論における確証バイアスの顕著な形態は、**基本的帰属エラー**である。他のアクターの行動を解釈する際、人はしばしば敵と味方を異なった方法で取り扱う。[9]味方が何かポジティブなことをしたら、人はその行動の原因を味方の内在的性格に帰属させる。しかし、もし、敵が建設的な形で行動した場合には、その原因は外的環境による圧力に帰属させられる。反対に、味方が非生産的な形で行動した場合、その原因は外的環境による圧力が善良なアクターに悪しき行為を強いたのだと弁明される。敵がこれと同じように振る舞っても、それは敵がもともと邪悪だからということで済まされてしまう。

　これとは別のタイプの、個人の意思決定に共通する特徴としては、現状を基準とした利得と損失に直面した場合、異なった形で行動を行う傾向である。[10] **合理的選択理論**は、個人はリスクに対して一貫した態度を有していると仮定する。しかし、**プロスペクト理論**によるなら、人は利益を得る場合にはリスク回避的になり、損失を受ける場合にはリスク志向的になる。数字を使って説明するなら、次のようなケースに直面していると想像してみて欲しい。

オプションA…五〇〇体のゾンビの確実な破壊。
オプションB…一〇〇〇体のゾンビを破壊する五〇%の可能性と一〇〇体のゾンビを破壊する五〇%の可能性。

二〇一〇年七月にオンラインで実施した調査（回答数一二三八人）によるなら、たとえオプションBの方が破壊される食屍鬼の数に関して、より高い期待値を示すとしても、六一%以上の人がオプションAを選んだ。実際、多くの実験によると、必ず手に入る賞金と、それよりもわずかに高い期待値の賞金を提供する宝くじとの間で、どちらかを選ばなければならない場合、人は確実なものの方を選択することが分かっている。

では、今度は次のような選択を考えてみよう。

オプションA…五〇〇体のゾンビの確実な増加。
オプションB…わずか一〇〇体の新しいゾンビが増加する五〇%の可能性と、新たに一〇〇〇体のゾンビを増加させる五〇%の可能性。

このケースでは、五七%以上の回答者が、オプションAの期待値の方が良いのに、オプションBを選択している。人は、確実な損失がもたらされる状況と、期待値はそれよりも悪いが原状回復の可能性は残るような宝くじで、いずれかを選ばなければならない時には、復活のギャンブルに賭けることとなる。

プロスペクト理論の政策的含意は、明らかである。現状と比べて、自分がいままさに利益を得ようとしていると信じている時には、注意深くリスク回避的に行動する傾向にある。逆に損をしようとしていると認識したなら、人は自らの運気を復活させるためにリスキーな戦略をとろうとするのだ。[11]

〝ファースト・イメージ〟の理論家は、このような心理学的性質は、外交政策における〝タカ派バイアス〟を導くものだとしている。[12] 潜在的な敵対者に直面した際、個々の政策立案者の心理学的反応は、より対決的な政策へと導かれる。攻撃的な行動は意図的なものと解釈される。潜在的な損失に脅かされたら、政策立案者は現状を維持するために、よりリスキーな行動をとるのだ。「楽観主義バイアス」や「制御幻想（illusion of control）」などのような、その他の心理学的特徴は、攻撃的な政策を強化する。[13]リーダーは、先制的な対策手段こそが、墓場から何が甦ってきたとしても、それに立ち向かうことのできると最高の自信を持つのだ。

奇妙なことに、タカ派バイアスは、人類同士の国際関係にとっては不適切なものである一方で、食屍鬼に対応する際の心理的枠組みを提供する点では適切なものである。ゾンビが引き起こす嫌悪は、人をして彼らを敵とレッテル貼りするのを容易にする。確証バイアスによって、ゾンビに関するいかなる新しいデータも、単に彼らの敵対者としての地位を確実に強固なものにするだけなのだ。プロスペクト理論は、アンデッドからの攻撃による初期の損害に直面した時、リーダーが原状回復を企図したリスキーな戦略に賭けることを保証する。タカ派バイアスは、人間との紛争を誇張するかもしれないが、リビング・デッドに対しては過度に正しい態度を促進するだろう。

しかし、ゾンビの基本原則は、このような積極的な評価に対して、二つの重要な警告を示唆している。第一に、確証バイアスと基本的帰属エラーは、人をしてゾンビ化した自らの親族を他人とは違ったやり方で扱わせる。先にも述べたように、基本原則に共通している重要事項は、食屍鬼になった親族を人は殺さないという点である。たとえば、『サバイバル・オブ・ザ・デッド』では、あるファミリーの家長は、「人間を殺すのと同じじゃないか」と主張して、自分の一族から出てしまったゾンビを殺すことを拒絶する。リビング・デッドは、このような誤った考えを利用し、アンデッドのソーシャル・ネットワーキングを通じてゾンビ軍団を増殖させる。家族が他の家族のメンバーを感染させ、友人が他の友人を感染させ…以下、無限に、ということとなる。

第二に、ゾンビに対する知覚的な反応は、アンデッドだけに限られるのかという点が不明確である。タカ派バイアスが、人をして他の人間に不信感を抱き恐れ合うようにしてしまうというのは、まったくあり得ることである。不安定な状況下では、ゾンビに噛まれた人間を他の人間が告発することは容易に想像できる。このような人間同士あるいは政府同士の共喰い的な闘争は、共通の対ゾンビ戦線を維持する努力を麻痺させることとなる。*

ファースト・イメージ・モデルは、リビング・デッド禍と戦う際に三つの具体的な政策提言

＊　この点に関しては、興味深いことにフェミニストの観点が政策上の説明を与えてくれることが注記される。たとえば、ザック・スナイダーによる『ゾンビ』のリメイク版（二〇〇四）では、警備員がリーダーの場合と、女性（看護婦）と彼女の仲間たちがリーダーの場合とでは、ショッピングモールのガバナンス構造に明確な違いが出てくる。後者の体制の下でのほうが、意思決定は合意に基づいたものであり、優れた結果を生み出す。ジェンダー的な観点は、協力に対する認知的バイアスを中和するのかもしれない。

を提供してくれる。第一に、政府と国際機関が迅速かつ効果的に、アンデッドに対処するための新たなルールと方法を提唱することが重要である。長期にわたって何らかの安定性を供給するような環境であるなら、そのような新しい環境に対して、人びとは素早く対応することができる。[14] もし、人びとが〝新しいノーマル〟がどんなものであるのかをゾンビ・アウトブレイクの中で理解していたなら、パニックが起こる可能性は低いのだ。

第二に、政策は正しい種類の対ゾンビ戦術を追求するように個々人を〝ナッジ（nudge）〟〔行動経済学でも用いられる語で、そっと背中を押して特定の行為へと駆動することを意味する〕するように実施されなければならない。[15] この政策は、個々人が自分なりの積極的なゾンビ対策を講じるのではなく、賢明な対ゾンビ行動へと導くようなデフォルト・オプションを備えたものでなければならない。たとえば、ゾンビによる攻撃の後、回避戦術の実施とか、自動車に最小限のダメージしか与えない形で食屍鬼を轢き逃げするテクニックが、運転免許試験の新しい要素になり得るかもしれない。最後のものはリスキーな賭けであるが、それは案外うまくいくかもしれない。

このセクションは、人間の心理学的性質について焦点をあてたものであったが、ゾンビの心理はどうだろうか。ゾンビ研究文献の中での最大の謎の一つは、人肉を喰らうという活動に関して生物学的理由がないように思えるにも関わらず、なぜ、リビング・デッドは人間を貪り喰うように強いられるのか、ということである。[16] ゾンビが集団で移動する傾向から、ファースト・

イメージの理論家は、人間を喰らうという決定は、集団思考という古典的ケースなのだという仮説を立てている。つまり、人はオルタナティブなアイデアや提案を徹底して検討するよりは、集団のコンセンサスを優先するものなのだ。[17] この現象は人間の間で観察されるが、ゾンビの行動も説明することができるだろう。リビング・デッドは集団的行動に基づいて、その社会的目的に関するコンセンサスに達することを最も好むと議論することも可能だろう。これによって、個々のゾンビは、人間を喰らうという決定の背後にある想定を疑わないように導かれる。

リスキーではあるが興味をそそる政策オプションは、人間側の政府が、心理学的なスパイを用いてアンデッドのコミュニティへの〝認知的浸透（cognitive filtration）〟を図ろうとするものである。このような努力は、過激派やテロ集団に対して既に提案されている。[18] おそらく、示唆的な形でアーとかウーとかいう唸り声を出すことを通じ、これらの心理学的スパイが、ゾンビの間の認識論的な停止状態に終止符を打ち、彼らの存在論的前提に対する疑問を露呈させることとなる。もし、ゾンビが自らの認知的拘束を放棄し、人間を食べる必要がないと認識したなら、アンデッド危機は、より深刻ではないものとなるだろう。

もちろん、リビング・デッドは、エージェントが任務を達成する前に、彼を貪り喰ってしまう可能性もある。しかし、プロスペクト理論の示唆によるなら、絶望的な時は絶望的な手段を導くのである。

第12章　結論……ってゆうか、そう思うでしょ？

ケネス・ウォルツ

国際政治を亡霊が彷徨っている——甦った屍体の亡霊が、脳ミソをご馳走になりにやってくるのだ。今日、ゾンビによる脅威への国際関係論の学術的な応答は、皮相なものにとどまっている。著者は、このぼんやりと現れてきた問題に対して、より深く切り込もうとしてきた。本書のこれまでの議論でも明らかになったように、国際関係理論は、リビング・デッドによって引き起こされるトランスナショナルな脅威に対して、政府や国際機関、国内の利害関係、官僚制、そして個々人が、どのように対応すべきなのかということに関して、幾つかの興味深い、そして様々に異なった予測と勧告を提言してきたつもりだ。

ごく簡単に概観してみると、様々なパラダイムをまたいだ形で存在する興味深い連続性を発見することができる。たとえば、これらのアプローチのほとんどは、異なる国の政府に対して、リビング・デッドは等しからざる影響を与えると予測している。強力な国家は食屍鬼の軍団に持ちこたえる可能性が高い。弱く発展途上の国は、ゾンビ感染に対して脆弱である。リアリストの冷淡さ、衰弱した公的サポート、官僚の争い、個々人の意思決定の可謬性などのいずれの場合においても、国際的な介入は短命かつ不完全なものとなる可能性がある。ゾンビによる脅威の完全なる除去は、まったくもって、あり得ないことなのだ。アンデッド疫は、最も貧しく弱い国家を過剰に痛めつけるような脅威のリストに加えられるだろう。

様々な理論は、膨大なゾンビの基本原則の中で見られるよりも多くの種類の想定可能な帰結を提示する。映画や小説の伝統的なゾンビに関するナラティブは、すぐにこの世の終わりへと至ってしまう。しかし、本書で提示された理論的アプローチのほとんどは、リビング・デッドの脅威に対して精力的な政策的対応が可能であることを示唆している。リアリズムは、アンデッドとその他の者たちとの間で、最終的には「互いに許し合って生きてゆく（live and let live）」ことを想定する。リベラルは、不完全ではあるが有益な対ゾンビ・レジームを予測する。ネオコンは、攻撃的かつ徹底的な軍事的展開こそが、アンデッドの脅威を寄せ付けないと信じる。構成主義者は、新たなゾンビ・アウトブレイクを予防し、既存のゾンビを人間社会へと社会化するための、強靱な多元主義的安全保障コミュニティを予測する。様々な機関は、初期の対応において過ちを犯すかもしれないが、それらはまた、状況に対して適応もし、また失敗を克服しもする。個々人は、リビング・デッドに対して攻撃的な政策的対応を取るように思考がセットされることになるだろう。この種の様々な予測は、おそらく（本当に予測でしかないのではあるが)、ゾンビの基本原則の中で支配的な人類の滅亡というナラティブが行き過ぎたものであることを示唆している。

　このことには勇気づけられるのだが、しかし、以上のような研究結果は、遥か彼方の地平線に潜む警告を露わにするものでもある。第一に、破局的な帰結の可能性は依然として十分に存在する。官僚制の機能不全は、国家の権威の全面的な崩壊の引き金をひく可能性もある。世論や利益集団からの圧力は、マルチラテラルな協力を困難にし得る。規範カスケードは、みながゾンビのように行動する世界で、人間とゾンビの間の生物学的区分を取るに足りないものとする引き金をひく。政策立案者や個々人は、ゾンビによる脅威に対して過剰に反応し、そのプロセスの中で多くの人間を殺傷することとなる。依然として、これは可能性の低い帰結でしかないが、それがある程度の高い蓋然性を持つかどうかは、別の問題である。

　第二に、人間の安全保障の観点からは、右に述べられたような〝楽観的〟な帰結でさえも、大惨事となる。人間の安全保障というアプローチは、個々人に対するリスクに焦点をあて、国家安全保障のアプローチは、国家に対するリスクに焦点をあてる。[1]このような観点からは、個人の身体的インテグリティ〔五体満足〕を脅かすものこそが脅威として位置づけられる。ゾンビが貧しく弱い国々に集中して群がっているような世界では、数十億人の人間が、病気や貧困、法の支配の崩壊などに加えて、余計な脅威と闘わなければならない。世界の人口の大多数は、アンデッドが歩き回る世界では、恐怖からの自由を達成することはない。

このような冷静な評価は、標準的な国際関係論のパラダイムの欠点を明らかにする。すなわち、二十一世紀の安全保障問題に対して、その分析力が減退していることを。ほとんどの国際関係理論は国家中心主義的だが、国家間の紛争は、もはや、それほど重要な脅威ではない。この本の冒頭で列挙した危機のリストを思い出してみるなら、それらのうちの一つたりとも、国家から生じているものはないのである。テロリストもハッカーも、広大な領土は所有していないので、彼らに対する報復は困難となる。地震や噴火のような自然災害には、病原菌の媒介物や氷河の溶解などのように、われわれが「主体（agency）」として観念するようなものは存在しない。国際関係論という専門分野は、常に国家と共に始まる。そして、政府は国際政治の方程式の中で重要なパーツであり続けてきた。しかし、このような理論が人類に対する非対称な脅威に適応しない限り、リビング・デッドに対する説得力ある政策的対応を提供することは困難なのだ。

明らかに、ここでは、より詳細な研究が必要なのだ。このことは、最後になるが、重大な問題を提起する。すなわち、それぞれのパラダイムの説明力はどうやったら評価することができるのか。それらのうち一つだけが正しいのだろうか。あるいは、いくつかが正しいのだろうか。はたまた、すべてが正しいのか。社会科学においては、様々な理論の中で、どれが正しいかを裁定するための最善の方法は、それぞれのアプローチを支持したり、その誤りを証明したりする経験的テストを行うことである。しかし、ここでのゾンビ問題に関しては、これは望ましいことでもなければ、妥当なことでもない。

国際関係論の学者は、分析の厳密さは、リビング・デッドに対してどのように対応するかをめぐる政治的判断の基礎としては十分ではないことを認めなければならない。政治的帰結を説明する際の理論的アプローチは、幾らかの有益な分析ツールを提供しはするが、そのツール・セットは不完全なものである。国際関係論の理論家自身でさえ、この事実には気づいている。おそらく、個々のリアリストは、ゾンビを人間とは異なったものとして扱うだろうし、また、おそらく、立法による制約を主張する人びとも、リビング・デッドからの攻撃は、議会の対応能力を圧倒することを認めるだろう。食屍鬼のような具体的な政策課題に直面した場合には、特定のミクロ理論（非常に狭い環境設定に対してしか適用できない偶発的な仮説）の方が、グランド・セオリーよりも有益である可能性もある。[2]

どのモデルを、いつ国際政治に適用するのかということに関する判断力は、科学というよりは、もはやアートの領域の問題なのだ。[3] アルバート・ハーシュマンが、ジョージ・ロメロの『ナイト・オブ・ザ・リビング・デッド』（一九六八）が公開された後に言ったように、「普通の社会科学者は、一つのパラダイムあるいは因果関係のラインを摑んだら、それなりに幸せなのだ。その結果、彼らの推測は、様々な種類の要因を考慮する直観を持った経験豊かな政治家に比べると、しばしば、まったく的外れなものとなる。」[4]

この本は、死者が地上を歩き始めた途端に世界が終わるといった、ゾンビ研究の、流布してはいるが、誤った見解に対する警告として役立つものである。そのような本書が提供する情報を携えた上で、何を行うのかを決めるのは読者諸賢の判断力の行使如何にかかっている。国際関係理論は、明らかに実践上の有用性を持っている。しかし、おそらく、これらの理論が現在のグローバルな脅威と挑戦を説明する能力は、国際関係論の学者が自らの業績の中で主張しているよりは、限られたものである。これらの理論を知った上で、国際政治学に関心を持つ優秀な学生は、ゾンビに脳ミソを喰われてしまう前に、自分自身の脳ミソを使い、この問題について、じっくり考えなければならない。

謝辞

大人になるまで私はホラー映画のファンではなかった。ホラー映画の最初の記憶は、子どもの頃に十分ほど観た『ポルターガイスト』で、それを観た晩には、寝られなかったのをよく覚えている。ある晩テレビで、『二十八日後…』を偶然観て、私は初めてゾンビモノの楽しみを知った。従って私は、自分自身をゾンビ映画に初めて興味を持たせてくれたという点で、世間では過小評価されがちな、この映画の監督と原作者であるダニー・ボイル、アレックス・ガーランドに感謝しなければならない。

このモノグラフの出発点は、『フォーリン・ポリシー』誌のブログに二〇〇九年八月に掲載されたエントリーである。* このエントリーは、ブログ界隈と国際関係論の研究コミュニティで、かなりの関心を引いた。多くの国際関係論の教授が私に連絡してきて、彼らが自分の学生に、このエントリーを読むように指示したと言ってきてくれた。なぜなら、このエントリーは難解な国際関係論の理論へのちょうどよい入門になるからだ。これに勇気づけられた私は、いまあなたが読んでいるこの本のような形で、話を広げてみたらどうだろうと思うようになったわけである。

ブログの文章で、ゾンビ問題に関するわたしの興味を喚起してくれた点、アレックス・メッシーに感謝したい。『フォーリン・ポリシー』誌では、レベッカ・フランクル、スーザン・グラッサー、ブレイク・ホーンシェル、ジョシュア・キーティング、モイゼス・ナイーム、ブリット・ピーターソン、そしてトム・ステックに感謝したい。彼らは、国際関係理論の深淵な論争から映画で見られる黙示録に関わるグローバルなガバナンスに至るまでを記すブログに素晴らしいホームを提供してくれた。この原稿の一部は、二〇一〇年七月に刊行された『フォーリン・ポリシー』誌に抜粋して掲載された。**

チャンダ・フェランは、ポスト黙示録的フィクションに関して彼女が持っているデータを親切にも提供してくれた。

---

* 以下の『フォーリン・ポリシー』誌のウェブサイト内のファイルを参照されたい。ttp://drezner.foregnpolicy.com/posts/2009/08/18/theory_of_international_politics_and_zombies（二〇一〇年七月十五日閲覧）

** Daniel W. Drezner, "Night of the Living Wonks," *Foreign Policy* 180 (July-August 2010): 34-38〔wonkとは、ガリ勉やヲタを意味する〕

私は、今回、いつもの仕事よりも多くの友人や同僚、そして見も知らぬ人びとに対して、原稿のドラフトを押しつけて読ませた。ベサニー・アルバーストン、カイル・ブラウンリー、チャーリー・カーペンター、ステファニー・カルヴァン、ジョナサン・カヴァリイー、サム・クレイン、エリカ・ドレズナー、エスター・ドレズナー、ショーレ・ハリス、チャーリー・ホーマンズ、ジョン・ホーガン、パトリック・タデウス・ジャクソン、ジェイコブ・T・レヴィ、ケイト・マクナマラ、ブレイク・メッサー、ミカ・ミンツ、ジェニファー・ミッツェン、ダン・ネクソン、ネジーン・ペガヒ、ガブリエル・ロスマン、スティーヴ・サイドマン、アンナ・セレニー、ジョアンヌ・スペッツ、ローリー・ウィルキー、ジェイソン・ウィルソン、そしてエイミー・ゼガート――これらの人びとに対しては、彼らからのフィードバック、助言、そしてサポートに感謝したい。本人たちは気づいているかどうか分からないが、アラン・ビーティー、エリザベス・エコノミー、ブラッド・ジェンデル、イファット・リース・ジェンデル、ジェニファー・M・ハリス、G・ジョン・アイケンベリー、デイヴィッド・レイク、そしてマイケル・マスダンドゥーノ――これらの人びとは有益な示唆を与えてくれた。

プリンストン大学出版会のチームは、細部にまでわたる気配りと精力的なプロフェッショナリズム精神とによって、本書の内容を劇的に改善してくれた。ジュリア・リビングストン、ナタリー・バーン、テレサ・リウ、そしてジェニファー・ロスには、本書の活字化に際してお世話になった。ブライアン・ベンドリンは、編集にあたって私を多くの小難しい間違いから救ってくれた。アンネ・カレトニキコフの挿絵のそれぞれは幾千言に値するもので、彼女の挿絵は本書の知的価値に関して大いなる責任を有していると言ってもよい。ポリサイ〔政治学〕の編集者であるチャック・マイヤーズと編集主任であるピーター・ドハティーは、「当然じゃないか、だって前から考えてたんだって。ウチのカタログに本当に足りないのは国際関係とゾンビに関する本だろ」と考える勇気を持ってくれた点で、永遠にして不滅の謝意を表したい。

妻エリカは、私が書いた他のものに対してと同じように、今回の私のこの本に対しても、私を元気づける言葉と困惑したという態度との適度な配合で対応してくれた。このような形での彼女の惜しみなく冷静なサポートは、死して墓の下へと行っても永遠に続くことだろう。

最後に、『国際政治の理論』の著者であり、私の専門分野の大権威であるが、実のところ実際に会った事はないケネス・ウォルツに対しては、ひとこと言っておきたい。マジで、すいません…。

ゾンビ研究事始——本書の解説を兼ねて

谷口功一

以下では、本書の「解説」を兼ねつつ、今日のゾンビに関する様々な研究などについて紙幅の許す限り紹介を行うこととしたい。途中、共訳者である山田高敬（国際政治学）との間で交わされたQ&A形式での詳細な補足解説等も盛り込んであるので、本書を読解する上での一助となれば、誠に幸いである。まずは、著者であるドレズナーについて。

1．著者ドレズナーと本書の内容について

本書の著者であるダニエル・W・ドレズナーは、一九六八年、ニューヨーク州シラキュースに生まれ、ウィリアムズ・カレッジの学部を卒業後、スタンフォード大学院で修士号（経済学）、及び博士号（政治学）を取得した。また、学位取得後、幾つかの大学などに勤務し、現在、タフツ大学フレッチャー法律外交大学院（通称、フレッチャースクール）で国際政治学の教授を務めている。

ドレズナーの勤務校であるフレッチャースクールは、国際関係論の専門大学院であり、この分野では最高水準の教育・研究機関として高い評価を受けている。伝統的に卒業生は非常に強い連帯感を持ち、その繋がりの緊密さは、俗に「フレッチャー・マフィア」とも称されている。フレッチャースクールは、外交官養成機関としてのイメージも強いが、国際連合や世界銀行などの国際機関や民間企業、NGOなどへも多くの卒業生が進んでいる。日本人の卒業生としては、明石康（元国連事務次長）や森本敏（現防衛大臣）などがいる。

著者であるドレズナー自身の研究テーマは、経済国家戦略（economic statecraft）、アメリカ合衆国の総合国家戦略（grand strategy）、グローバルな市民社会、グローバル・ガバナンスにおける法廷管轄漁り（forum-shopping）、規制協調（regulatory coordination）などの多岐にわたり、また、下記の通り、数

多くの著作を刊行している（下記、いずれも未邦訳）。

■『サンクションのパラドックス――経済国家戦略と国際関係（The Sanctions Paradox）』ケンブリッジ大学出版、一九九九年

■『適切な権威を定位する――国内機関と国際機関との相互作用（Locating the Proper Authorities）』ミシガン大学出版、二〇〇三年

■『アメリカの通商戦略――自由 vs. 公正（U.S. Trade Strategy）』外交評議会（ＣＦＲ）出版、二〇〇六年

■『すべての政治はグローバルである――国際規制レジームを説明する（All Politics is Global）』プリンストン大学出版、二〇〇七年

■『ささいなコトを回避する――アメリカ外交戦略における戦略的プランニングの役割（Avoiding Trivia）』プリンストン大学出版、二〇一一年

これらの著作の他にも、本書の母体となった『フォーリン・ポリシー』誌や『フォーリン・アフェアズ』誌などへの寄稿をはじめとして、数多くの論文やエッセイを執筆している。また、ブログや twitter などでも積極的な発信を行っており、本書に関しても特設サイトを作成しているが、twitter とブログの更新頻度は尋常ではない。特に twitter は、彼のアカウントをフォローするとTLがドレズナーの tweet で埋め尽くされてしまう程である。

この他にも YouTube でゾンビなどに関する彼のレクチャーを実際に聴くことも出来る。例えば、

独立系シンクタンク、国際ガバナンス・イノベーション・センター（ＣＩＧＩ＝Centre for International Governance Innovation）で行われた「ゾンビ・Ｇ２０・国際関係」というレクチャーは、本書の内容にも触れる形で口頭のプレゼンテーションを行ったものだが、その冒頭から爆笑を誘うものとなっているので、是非、ご覧になられたい。

■ブログ　http://drezner.foreignpolicy.com/
■本書関連の特設サイト　http://danieldrezner.com/zombies/
■Twitterアカウント　@dandrezner
■YouTubeレクチャー動画　http://www.youtube.com/watch?v=iALDdTICSAU

本書は、本文末の「謝辞」の中でも触れられている通り、『フォーリン・ポリシー』誌のブログに掲載されたエッセイを拡充したものであり、既に本文の内容を通読した読者には明らかなように、もしゾンビが現実に出現したら、既存の国際政治学（国際関係論）の諸理論が、それに対してどのように対応するのかを検討するスタイルとなっている。本書で検討される理論パラダイムは、リアリズム（現実主義）、リベラリズム（自由主義）、ネオコン（新保守主義）、コンストラクティヴィズム（構成主義）と多岐にわたり、国際政治学の講学上の諸理論の、ほぼ全域をカバーしている。

国際関係論・国際政治学の学問領域における、諸理論の詳細に関しては、本書の共訳者である山田高敬の共編著『グローバル時代の国際関係論』（有斐閣、二〇〇六年刊）を参照されること強くお勧めしておきたい。

この編著の中の特に序章・第一章・第二章では、わずか一〇〇頁内外の紙幅で、本文の中でも取り上げられた理論のすべてが、きわめて簡潔かつ明瞭な形で整理されており、——①様々な理論が、歴史的にどのような形で登場、変遷して来たのか、②また、これら理論間の相互関係はどうなっているのか、③さらに、それらの理論を現実の国際政治の諸問題（安全保障・国際経済関係・地球環境・人権など）に適用するなら、どのような帰結が導き出されるのかが、大変分かりやすい形で描き出されている。翻訳の初期作業に際しては、訳者の谷口も、上記著作を大いに参考とした点、特に記しておくこととしたい。

なお、以下は、共訳者の山田高敬（国際政治学）との間で行われた、Q＆A形式での、著者ドレズナーと本書の内容に関する補足説明である。

谷口　山田先生も、この本は海外で開催された国際政治学会で偶然入手していた？

山田　はい、報告に出かけた二〇一一年三月にカナダのモントリオールで開催されたＩＳＡ（国際関係学会）の年次研究大会の会場に設営されていた出版会のブースで初めて手に取りました。とくに表紙に朱色で書かれた〝ZOMBIES〟に目を惹かれました。ほとんど売り切れ状態で、私が購入したのは、確かその場にあった最後の数冊のうちの一冊だったと思います。

谷口　英語版の本書に対する学界の反応は？

山田　まだ、公式の場では議論にはなっていませんが、とくに若手の研究者を中心に話題になっています。もうすでに、ゼミで学生に読ませたという、ある国立大学の先生もいらっしゃいました。今回、日本語訳が出版されることで、学界でも、もっと注目されるのではないかと期待しています。

谷口　ドレズナー本人は、どんな感じの人物で、彼自身の学界での評判は？

山田　日本国際政治学会で招聘した時の印象では、あまり口を濁さないストレートにモノを言うタイプの方でした。純粋にアカデミックな研究者の範疇に収まりきらないほど、彼はpolicy relevantな〔＝政策に密着した〕研究に力を入れる研究者で、主に実務家や政治家を読者に持つ『フォーリン・ポリシー』、『フォーリン・アフェアズ』や『ザ・ナショナル・インタレスト』などの学術誌に数々の論考を掲載しているので、中堅の研究者の中では、知名度の高い、ポリシー通の研究者であるという評判だと思います。アメリカの政治学会（ＡＰＳＡ）や先ほどのＩＳＡで、彼が報告者や討論者を務めるパネルは、いつも大人気です。ただ彼は、その場しのぎの私見を述べる、よくありがちな「論客」ではなく、その見解には、国際政治学の理論から得られる様々な知見が取り込まれているばかりでなく、研究者として国際政治学の理論的な発展に対しても強い関心を持っています。やはり、ちゃんとした学術的な研究の基礎がないと、説得力のある外交論を語ることは出来ないと思います。

谷口　ドレズナー自身の政治的スタンスは？　例えば、共和党よりとか民主党よりとか。

山田　これに関しては、どちらでもないというのが私の印象です。共和党／民主党の区別なく、彼は時の政権の外交政策を様々な角度から分析しています。たとえば、現在シリアにおけるアサド政権と反体制派勢力との間の内戦が問題になっていますが、一方においてドレズナーは、オバマ政権がこの問題に関して、戦略をはっきりとさせず、他人頼みになっている点については、やや批判的な発言をしていますが、そうかといって前ブッシュ政権のテロとの戦いを中心とする外交政策を批判しないわけでもないです。

谷口　ドレズナー自身の国際政治理論上の立場は？　また、それは、彼のどの本を見れば分かる？

山田　最近のもので言うと、私の関心とも重なるということもあるのかもしれませんが、『すべての政治はグローバルである』でしょうか。私は、この本の中に彼の国際政治理論のエッセンスがすべて詰まっていると思います。本書の中でも見受けられるのですが、彼の理論には、次のような三つの特徴があります。

第一に、彼は国際組織やＮＧＯなどの行為主体よりも国家、なかんずく大国を重視します。つまり、この点はリアリストと共通する点なのですが、やはり国際政治で通用するのはパワーであるという考え方が根底にあります。

第二に、そうかといって、彼は多くのリアリストが論じるように、国家間に協調の可能性がまったくないとは見ません。特に、現在そのペースが加速している経済のグローバリゼーションが世界に突きつける様々な経済・社会問題や疫病、環境破壊といった人類共通の課題があるかぎり、国家が協調することで得られる利益は存在すると見ています。その点は、むしろネオ・リベラリストと共通する部分です。本書においても、そのような姿勢は伺えます。ただ、ネオ・リベラリストとどこが違うのかというと、ネオ・リベラリストは、各国にとって協力することで得られる利益の方が協力しないことで得られる利益よりも常に大きいと仮定しますが、彼は、そのように仮定することを嫌います。なぜかというと、まず国家が他国と協力した場合に得られる利益は、基本的にその国の規模に左右され、それは国によって異なるからです。大国は、他国への依存度が低いため、協力することによって得られる利益は小国に較べて相対的に低いので、協力に対する国内の反発が強い場合には、他国と協力しても不利益になることはあっても総合的に見て利益がプラスに転じることはないと彼は見るわけです。そして国家間の協力の仕組みは、常に大国の合意が基となるので、大国の——今の世界で言えば、アメリカとEU、将来的には、それに中国、インド、ブラジルなどの新興国が加わることになると思いますが、そのいずれかにとって国際協力から得られる利益がプラスにならなければ、いくらグローバルな課題を解決するのに協力が必要だと言っても、一国でも反対すれば、大国間で合意が得られず、協力は実現しないと彼は言うのです。これが、彼が政府間主義(intergovernmentalism)を支持する理由です。

第三に、ここが彼の議論の最大の特徴だと思いますが、彼は国内政治の国際政治への影響、あるいはそれらの相互作用を重視します。この点が、国家間の関係だけに着目したウォルツなどのネオ・リアリズムの見方と大きく異なるところだと思います。国際的に協力が必要な場合でも、国内の政治勢力がそれに反対すれば、協力のための政治的なコスト——これを彼は「調整コスト(adjustment cost)」と呼ぶ——が高くなり、協力は実現しないと論じています。『すべての政治はグローバルである』では、主に国際経済をテーマにしているので、他国との協力によって不利益を蒙る業界による政府への働きかけを重視しています。大きな影響力を持つ業界が国際協力を必要とする特定の政策(例えば、貿易の自由化)に関して政権を批判することになれば、政権交代のリスクを高めることになるので、政府は、そうやすやすと国際協力に応じることは出来ないというわけです。当然と言えば、当然ですが、どのような業界がそのような批判をする傾向が強いのかに踏み込んで議論し、それを国際レベルの力学と統合させたところに彼の議論の革新性が伺えると思います。本書の中でも、ゾンビに噛まれてゾンビ化した肉親を守ろうとする政治勢力が形成され、時間の経過とともに国家によるゾンビ討伐政策の実行が阻まれ、結果としてゾンビに対する国際共同戦線が崩壊するシナリオが描かれていますが、まさにそれは、国際政治の行方を占うのに、国内政治の動向がいかに重要なのかを言おうとしている部分として、たいへん興味深いと思います。

谷口　山田先生の国際政治学者としての本書の初読の感想は？

山田　ドレズナーは、やたらにゾンビに詳しいと思いました。同時に国際政治学の様々な議論を説明するのにゾンビの話を上手く取り込んでいると言うか、むしろ、ゾンビへの対応の在り方を考えるために国際政治学の議論を上手く利用していると言った方が良いのかもしれませんが、本来まったく関係のない二つの世界が、うまく融合していると思いました。その意味では、「目から鱗」でした。

谷口　大学の講義で本書の一部を学生に読ませたそうですが、学生の反応は？

山田　本書、第8章の「構成主義」の部分を読んでもらいましたが、そこで、ゾンビはお風呂も入らないし、ひげも剃らないし、同じ洋服を毎日着ているという記述があったので、学生たちは、かなりゾンビに親近感を抱いて、面白がっていました。

以下では、山田による本書各章への解説・コメントを、主として理論ごとに付した。各章ごとの解説の末尾に、発展的読書のための参考文献も付されている。

リアリズム（第5章）　ここでは、ペロポネソス戦争はアテネの勢力拡大を阻止する必要から発生したと論じるトゥキディデスの『ペロポネソス戦史』から、国際関係の安定には大国間の勢力均衡が必要だとするモーゲンソーの議論、覇権国が循環する中で覇権国と非覇権国との力の差がなくなる時に大戦争が発生するとするギルピンやオルガンスキーらの議論、そして共通政府が欠如するアナキカルな国際システムにおいては、国家は一時的に敵と手を組んででも長期的に他国の優位に立とうとするというミアシャイマーの議論まで幅広く、リアリズムの議論が紹介されている。基本的に、リアリズムは、国家間の関係においては、「パワー」が重要であり（ゾンビの襲撃によって受ける影響の大きさは、大国と小国では異なり、大国よりも小国の方が非脆弱であるという記述に反映されている）、また国家間協力は実現しにくい（ゾンビを討伐するために同盟を結ぼうとしても、各国は他国にその荷を負わせようとしたり、あるいは他国の真意に疑いを持ったりするため、そのような軍事協力は成立しないという記述に表れている）と考える。つまり国際システムにおいては共通政府が存在しないため（国際関係がアナキーであるため）、国家間で信頼関係を築くことは難しく、国家は自己の生存のために「パワー」に頼ることになる。その過程で必然的に戦争が発生するとリアリズムは考えるのである。それを避けるためには、各国間の力のバランスをとる勢力均衡政策が必要となるが、それも各国が自国利益を優先してしまうので、なかなかうまくいかない。国家間関係において楽観は禁物なので、「備えあれば、憂いなし」という精神が必要だとリアリストは主張する。

詳しくは、前掲『グローバル社会の国際関係論』の序章と第一章を参照されたい。もっと知りたい人は、ハンス・モーゲンソー『国際政治――権力と平和』（福村出版、一九九八年）とケネス・ウォルツ『国際政治の理論』（勁草書房、二〇一〇年）をお薦めする。覇権国のサイクルと戦争の関係については、ギルピン（Gilpin）の『国際政治における戦争と変化（War and Change in World Politics）』（未邦訳）がお薦め。日本語の文献では、土山實夫『安全保障の国際政治学』が比較的分かりやすい。

リベラリズム（第6章）　この章は、マンサー・オルソン（Mancur Olson）が最初に提示した、公共財を提供する時にいわゆる「ただ乗り問題」が発生してしまい、公共財の提供に必要な協力は実現しないとする問題提起から始まる。そして、それに対するリベラリズムの回答として、アクセルロッド（Axelrod）の「繰り返しゲーム」（非ゼロサム・ゲームが永遠に繰り返される状況）に基づくコヘイン（Keohane）のネオリベラル国際制度論（持続的な国家間関係では国際レジームが協力と非協力の違いを鮮明にするため、国家にとって協力を繰り返す方が非協力を選ぶよりも結果的に得になり、協力が実現するという議論）、さらには民主主義国同士では戦争をしないとするブルース・ラセット（Bruce Russet）の民主平和（Democratic Peace）論や、領域横断的な問題を解決するために異なるレジームが相互作用するというヤング（Young）やオーバーテュアー（Oberthur）のレジーム・コンプレックス（regime complex）の議論などが紹介されている。リベラリズムは、実際には様々な障害（権威主義国家が情報を管理したり、途上国に協力に必要な能力が欠けていたりという）があるものの、国家は、共通政府がなくても、必要に応じて、グローバルなレジームを構築し、それに基づいて国家間の協力を促すことは出来ると考える。つまりリベラリストは、国際関係の構造がアナキカルなものであっても、アナキー＝対立と捉えるリアリストとは異なり、国家間の共通の利益（例えば、人類共通の敵であるゾンビを討伐するという）の実現に向けて、グローバルな制度を介して国家を協力に導くことは可能だと考えるのである。その意味では、構造的な制約に縛られない、より自由な人間観がこれらの理論の根底にあると言える。詳しくは、前掲『グローバル社会の国際関係論』の序章と第二章を参照されたい。もっと知りたい人は、ロバート・コヘインの『覇権後の国際政治経済学』（晃洋書房、一九九八年）やロバート・アクセルロッドの『つきあい方の科学』（ミネルヴァ書房、一九九八年）などを読むのをお薦めする。

ネオコン（第7章）　この章は、他の章にくらべるとやや短い。それは、他の章が国際政治学の理論を紹介しているのに対して、この章が「ネオコン」というブッシュ政権時代のアメリカ外交政策の思想的な基盤を説明しているからであろう。興味深いのは、この外交の考え方を国際政治学のリアリズムとリベラリズムとの関係で捉えている点である。「民主平和論」を支持するという点では、ネオコンはリベラリズムに通ずるところがあるが、脅威に対して敏感であると同時に、脅威への対処方法として国際組織などを通した多国間主義的なグローバル・ガバナンスよりも軍事的な行動を支持するところは、むしろリアリズムに近い。しかしリアリズムは、脅威の源泉となる国が民主主義体制の国であろうと、権威主義体制の国であろうと、問題にしないが、ネオコンは、権威主義国家だけに脅威の源泉を求める。そのためネオコンは、ゾンビからの脅威と権威主義国家からの脅威を混同してしまうので効果的な対応は難しいと、ドレズナーは言う。ブッシュ政権時に国防副長官を務めていたポール・ウォルフォウィッツや国務次官補を経て国連大使になったジョン・ボルトンなどは、チェイニー副大統領やラムズフェルド国防長官と並ぶ「ネオコン」として知られている。ブッシュ政権の外交政策は、このため多国間主義ではイラク、イラン、北朝鮮、アルカイダなどの脅威から自由主義を守ることは出来ないとして、外交や軍事行動における単独主義の傾向を強めた。その結果、国際制度を重視する欧州諸国との関係が冷え込み、リベラリズムがめざす多国間主義は後退した。ただブッシュ政権の第二期目には、多国間主義が復調の兆しを示し、オバマ政権になってからは、再び多国間主義を重視する外交が行われるようになっている。

社会的構成主義（第8章）　この章では、国際政治理論における知識社会学的なアプローチである構成主義（constructivism）を紹介している。構成主義は、現実は社会によって、もっと言うと社会の構成員が共有する認識によって構築されるものであると考える。したがって構成主義は、その社会がどのようなアイデンティティを持つ社会なのか、またその社会はどのような規範に基づく社会なのか、ということを問題にする。そのような観点から国際政治学においても様々な議論がなされてきたが、この章では、アレクサンダー・ウェント（Alexander Wendt）のアナキー論を中心に、カール・ドイッチュ（Karl Deutch）の安全保障共同体論――これを現代の国際関係に適用したアドラー（Adler）とバーネット（Barnett）の研究も有名――及びフィネモアとシッキンク（Finnemore & Sikkink）の規範カスケード論を取り入れながら、紹介している。リアリズムとリベラリズムが国家関係におけるアナキーの状態（無政府状態）に、それぞれの理論的な立場から、勝手に意味を付与してきたのに対して、ウェントは、アナキーの意味は、国際社会の構成員である国家自身が解釈するものであるとの立場を前面に打ち出した。したがってリアリズムが想定する「万人の万人に対する戦争」のようなホッブズ的な解釈も出来れば、アナキーであっても、国家が相互に主権、つまり「所有権」を認め合う、リベラリズムが前提とするようなロック的な解釈も出来る。さらに国家は、他国の利益になることは、自国にとっても利益であるという認識（集合的なアイデンティティ）を持つことも可能で、その場合はアナキーであっても国家間関係はカント的な解釈によって規定されるようになる。この章では、この最後の解釈が強調され、その文脈において、共通の脅威であるゾンビの襲撃に対して、人類がナショナリズムの壁を越えて立ち向かう「安全保障共同体」を構築する可能性について言及されている。またそのような集合的なアイデンティティを持つ共同体をつくる方策（ゾンビ映画の始末）や、そのような共同体がつくれなかった場合の方策（ゾンビの人間社会への同化あるいは人間のゾンビ社会への同化）についても構成主義の立場から議論がなされているところが興味深い。

詳しくは、前掲『グローバル社会の国際関係論』の序章と第二章を参照されたし。もっと知りたい人は、大部だが、先述のアレクサンダー・ウェント『国際政治の社会理論（Social Theory of International Politics）』を読むことをお薦めする（邦訳が予定されているが、現段階では未刊）。

国内政治（ウォルツのセカンド・イメージ）と官僚政治（第9・10章） 次に続く二つの章は、第9章が国内政治全体の問題、そして第10章が行政機関の問題を扱い、ウォルツのいうセカンド・イメージ（ウォルツは、国際政治を個人に視点をおくファースト・イメージ、国家に視点をおくセカンド・イメージで、そして国際システムに視点をおくサード・イメージで捉えることが出来るとした）からの接近をはかっている。第9章では、アメリカの国内政治に焦点をあて、主に大統領、連邦議会、世論そして利益集団の間の力学と外交政策（ゾンビ討伐という文脈の中で）の関係に言及している。興味深いのは、最初のうちは、ゾンビの脅威に対して戦いを挑む大統領は、国威発揚を求める国民から強い支持を取り付けることが出来るが、戦いが長期戦になると、国民の間に「ゾンビ疲れ」が出始めたり、ゾンビに噛まれてゾンビに生まれ変わった家族を守ろうとする「遺族会」のような集団や、ゾンビの軍事利用を企む営利企業などが現れたりして、政府によるゾンビ討伐の行く手を阻むようになると分析している点である。実際に過去において、アメリカは、ベトナム戦争が長期化した時に、ここで描かれているような苦い経験をしている。ブッシュ政権のときに始まった対イラク戦争とそれに続くイラクの占領でも現地勢力によるアメリカ軍に対する攻撃が多くの犠牲者を出すようになると、アメリカ国内では米軍の撤退を求める声が高まった。このように企業やその他の利益集団からの圧力をはねのけ、世論と連邦議会を味方に付けて戦いを続けることは、国内政治の視点から見ると、至難の業である。

続く第10章では、モートン・ハルペリン（Morton Halperin）の『官僚政治と外交政策（Bureaucratic Politics and Foreign Policy）』（未邦訳）やグレアム・アリソン（Graham Allison）の『決定の本質（Essence of Decision）』（中央公論社、一九七七年）などを土台に官僚政治の特徴について言及している。官僚政治の特徴である省庁の縄張り争いや標準作業手続き（ＳＯＰ）の硬直性の問題がとくに取り上げられている。前者は、縦割行政を超えて複雑な問題に効率的に対処しなければならない時に（ゾンビとの戦いでも、軍・州兵・警察・病院等の組織を超えた調整が必要となる）、各省庁が自らの権限にしがみつき、組織間の調整になかなか応じようとしないがために発生する問題である。後者は、一旦ある状況に応じてＳＯＰが作られると、状況が変化しても既存のＳＯＰが踏襲され、組織的惰性が生じる問題（ゾンビと戦う時に鎧やヘルメットをつけるといった）である。ただ官僚組織は、過去の失敗から教訓を学び、それを基に政策の革新をはかるという性格も同時に持ち備えているため、官僚組織の政策は漸進的ではあるが、徐々に改善されるとドレズナーは言う（例えば、ゾンビの対資源殺戮率は時間の経過とともに向上するとしている）。

本書を通して、ドレズナーのオリジナリティという意味で私の関心を最も強く魅いたのは、第9章の国内政治の議論とこの章の議論を組み合わせた上で、それらの議論と第6章のリベラリズムの議論との間にある種の因果的な関係を提示している箇所である。すなわち、ゾンビの襲撃を受けて開始されるゾンビとの戦いの序盤では、行政府のゾンビ討伐政策に対する世論や利益集団からの制約は少なく、行政府は比較的自由に戦争を遂行することが出来るが、その時点での行政府は縄張り争いや官僚的惰性に苛まれるため、成果を出すことは出来ない。その後、行政府はより効率的に機能するようになるが、その時には世論や利益集団が皮肉にも政府に対して戦争の中止を求めるようになっている。そのためゾンビ討伐のための多国間協調は勢いを失ってしまうという興味深い理論仮説をドレズナーは提示する。この仮説は、これまでアメリカが関わってきた戦争について実証的に分析をすることで、検証することが出来るのではなかろうか。

国内政治と外交政策の関係については、上に挙げた文献のほか、グレン・スナイダー（Glenn Snyder）の『諸国家の争い（Conflict Among Nations）』（未邦訳）が理論的に面白い。

谷口　最後の質問ですが、山田先生はゾンビに対して、どの理論を採用する?

山田　この問いに対する答えは、難しいですね。国際情勢が変化する中で、リアリズム的に軍事同盟を形成して対応すべきか、リベラリズム的に国際組織を通した多国間協力で対応すべきか、それともカント的な共同体を構築すべきか、個々の状況に応じて個別に考えるべきではないかと思います。つまり国際政治を単一の視点だけから見るのではなく、常に複数の視点から見ることが重要なのではないでしょうか。これは、イギリス学派と呼ばれるヘドリー・ブルやロバート・ジャクソンなどの国際政治学者の立場に通ずる回答かもしれません。外交政策を決定する政治指導者は、常に国家が置かれている状況からして、その国家にとって責任ある行動とは何かを考える必要があります。それをイギリス学派は「状況の倫理」と呼んでいます。国家に対する責任というホッブズ的な観点から行動するのか、それとも国際社会に対する責任というグロティウス的な観点（ウェントのいうロック的なアナキー）から行動するのか、あるいは人類共同体に対する責任というカント的な観点から行動するのかをその時々の状況から判断する必要があります。歴史の大きな流れからすると、少なくとも先進国は、国家建設やナショナリズムの時代を経て、第二次世界大戦後、貿易や投資の自由化がもたらした未曾有の経済的相互依存関係、すなわちグローバリゼーションの時代を迎えることになりました。それと並行して、十九世紀や二十世紀の初頭には見られなかったほど、国際組織を軸とする多国間主義が発展し、国際関係に安定と繁栄をもたらしてきました。そのようなマクロな歴史的文脈を考えると、多国間主義的な国際制度を重視するリベラリズム的な思想が、現在の国際関係を根底から規定していると言って良いかと思います。ただ、それはコンストラクティヴィズム的な対応の可能性を否定するものではないと思います。ゾンビによる襲撃は、ある意味そのようなリベラリズムの世界からコンストラクティヴィズムが予測するカント的な世界への飛躍を可能にする契機と見ることも出来ると思います。グローバリゼーションが進み、国家間の相互依存関係が今以上に深化し、国際社会が人類としての運命を共有するようになった時、ゾンビからの脅威を契機にカント的なアイデンティティが国際関係を規定するようになったとしても、それは不可思議ではないと思います。

ただ気候変動問題などへの各国の対応を見る限り、現実はかなり厳しいことも確かです。気候変動に関しては、各国の対外的な行動が国内政治の制約から基本的に自由になっていないからです。もしも気候変動が世界を一つにする契機として不十分なのだとすれば、むしろ我々はゾンビの襲撃を待ち望むべきかもしれません。

2．ラムズフェルド発言（Unknown unknowns）

本書の中で言及されているラムズフェルド国防長官（当時）の「分かっていないと分かっていないもの（Unknown unknowns）」に関する詳細は、以下の通りである。――元々の発言は、二〇〇二年二月十二日に国防総省で行われた記者会見でのもので、イラク政府とテロリスト集団に対して大量破壊兵器への提供の繋がりを示す証拠が存在しない点に関するものだった。彼自身による実際の発言は、次のようなものである。ちなみに、ラムズフェルド自身による実際のスピーチをYouTubeで視聴することが出来る（″Donald Rumsfeld″+″Unknown Unknowns″で検索すれば、すぐに見つかる)。

分かっていると分かっているものがある、つまり、分かっていると分かっているものがあるのだ。それから、分かっていないと分かっているものがある。つまり、分かっていないと分かっていないものがあるのだ。しかし、分かっていないと分かっていないものもあるのか？　つまり、分かっていないと分かっていないものがあるのだ。（There are known knowns ; there are things we know that we know. There are known unknowns; that is to say there are things that, we now know we don't know. But there are also unknown unknowns ? there are things we do not know, we don't know.)

■実際のスピーチ動画　http://www.youtube.com/watch?v=GiPe1OiKQuk

この発言に対しては、その余りの意味不明さに対し、少なからぬ批判が寄せられ、スラヴォイ・ジジェクに至っては、ラムズフェルドが提示した三類型に対して第四の類型を批判的に外挿し、われわれが分かっていると認めることを意図的に拒絶する「分かっていないと分かっているもの（Unkown known）」というカテゴリーを提唱したりもした（まことにお疲れ様である……）。さらにこの発言は、広範な社会的反響を呼び、二〇〇三年に英国の「意味不明な迷言大賞（Foot in Mouth Award）」をも受賞している。

その後、ラムズフェルドが国防長官を辞任する際、ブッシュ大統領がその労をねぎらいつつ当該発言を引き、次のように言ったと報道されている。――「とすれば長官殿、分かっていると分かっていること（known known）が、ひとつあります。つまり、あなたのおかげでアメリカはより強くなり、アメリカは前よりも安全な国になったという事実です。」

さらにその後、ラムズフェルドは、上記のような経緯の一切合財が、よほど腹に据えかねたものと見え、二〇一一年に刊行された自伝のタイトルを『回想――分かっていることと分かっていないこと（Known and Unknown: A Memoir）』としたのが、事の顛末である。

3．人間対ゾンビごっこ（Human vs. Zombies）

英語版ウィキペディアにも独立の項目が立てられており、略称はHvZ。日本語版ウィキペディアにおいても、「ゾンビによる世界の終末」の項目中「愛好家」の下りで簡単な説明が付されている。

このゲームは、二〇〇五年秋にアメリカ合衆国メリーランド州のガウチャー・カレッジ（Goucher College）の学生クリス・ウィードとブラッド・サッピントン（Chris Weed & Brad Sappington）によって始められた。ルールは鬼ごっこに似たものであり、人間側とゾンビ側に分かれ、前者がひたすら後者から逃げ、またソフトスポンジ製の弾を装填したオモチャの銃――トイザらスに行くと売っているナーフ（NERF）でゾンビを撃ち、ゾンビがしばらく動けなくなっている間に逃げる、というものだ。

ゴールは、人間側全員のゾンビ化か、設定時間内での人間側のサバイブである。

発案者の学生たちは、上述の通り、このゲームの公式サイトを立ち上げ、その中でルールに関するガイドラインや情報などを紹介し、また、他の大学へもゲームを広めようとしている。最終的なルールは、それぞれのゲームのモデレーターなどによって決定される。

ガウチャー・カレッジは、アメリカで唯一、卒業要件に海外への留学を課しているので、その結果として、ガウチャーの学生たちが留学先で、このゲームを広げることとなり、ブラジル、デンマーク、オーストラリア、イングランド、カナダなどの大学でも、このゲームがプレイされるに至っている。一説によるなら、このゲームは北極以外のすべての大陸でプレイされている（南極基地の隊員がこのゲームに興味を示し、基地でのプレイを試みているらしい）とのことである。

既に述べた通り、このゲームは、現在、多くの大学でプレイされるに至っているのだが、二〇〇七年に起こったヴァージニア工科大での銃乱射事件の影響で、大学構内でオモチャとはいえ、銃の形をしたものを使って遊ぶことへの社会的批判が強まり、大学によっては当該ゲームを禁止しているところも少なからずある。

参考までに、下記がゲームの発案者たちによる公式サイトと、執筆中に発見した日本語での、かなり詳し目の紹介記事である（なお、本項目は、文献リストにも掲載されたマット・モウクの著作の中の記述も参考にした）。

■公式サイト：http://humansvszombies.org/
■紹介記事「アメリカで大流行のマヌケな遊び、ゾンビと人間の鬼ごっこの裏に?!」

http://www.excite.co.jp/News/reviewmov/20110422/E1303405264548.html?_p=1

4．ゾンビ研究学会（Zombie Research Society）

本文中に現れるゾンビ研究学会（ZRS）は、実在の団体である。その詳細については、ウェブ上の公式サイトから知ることが出来るが、以下では、設立者のマット・モウク（Matt Mogk）による説明なども参考にしつつ、この団体に関する簡単な紹介を行っておくこととしたい。

当該団体は二〇〇七年に設立され、ゾンビに関する知識の普及や芸術・科学分野でのゾンビに関する学術的研究の興隆を、その目的とする団体である。また、会員はワンパーセンター（1% er）と呼ばれ、グローバルな規模でのゾンビ・パニックが発生した際のサバイバーとなることが目指されている。ちなみに会員になるためには、会の定めるTシャツを当該団体のウェブサイト経由で購入すれば、それに付随して会員証（終身）が送られてくる仕組みとなっている。

同会は、以下のような三つの原則を共有しつつ連帯している。――①ゾンビとは、生物学的な感染によって駆り立てられる、無慈悲で獰猛な人間もしくは再生した人間の死体である。②ゾンビ・パンデミックは近づいて来ている。それは「もし（if）」の問題ではなく「いつ（when）」の問題なのだ。③人類が生き残るためには、ゾンビに関する熱心な議論が必要である。

また、同会には、諮問委員会（advisory board）が存在し、その中には以下のような様々な分野の専門家が名前を連ねている。

●ジョージ・ロメロ　言わずと知れた伝説的なゾンビ映画監督

●スティーヴン・シュロツマン　ハーヴァード大学医学部／精神医学／医学博士。著作『ゾンビの解剖（Autopsies of Zombies）』
●タラ・C・スミス　アイオワ大学疫学講座助教／Ph.D.
●ブラッドレー・ヴォイテック　カリフォルニア大学サンフランシスコ校／神経科学／Ph.D.
●ピーター・カミングス　マサチューセッツ福祉保険局ボストン事務所／法神経生理学／医学博士／著書『ゾンビの神経生理学（Neuropathology of Zombies）』
●スコット・キネモア　人気作家／著作『ゾンビの禅（Zen of Zombies）』
●ティモシー・ヴァースタイネン　認知神経基礎センター／神経科学／Ph.D.
●マイク・ハリス　コロンビア大学准教授／ポピュラー・カルチャー

本書の著者である、ドレズナーもまた、この諮問委員会のメンバーを務めているが、同じく、ここに名前を連ねる今ひとりのメンバーであるマット・モウクは、同会の創設者であり、また、二〇一一年に後段の文献リストにも挙げた『ゾンビについてあなたが知りたいことのすべて（Everything You Ever Wanted to Know about Zombies）』という著作を刊行している。

5. ゾンビと哲学（philosophical zombie）

「哲学的ゾンビ（philosophical zombie）」とは、現代の英米を中心とした分析哲学の中でも「心の哲学」と呼ばれる分野で登場するトピックのひとつである。初出はデイヴィッド・J・チャーマーズ（David J. Chalmers）の『意識する心（The Conscious Mind）』（一九九六）であり、「随伴現象としてのクオリア」に関する有名な思考実験の中に登場する概念として知られている。

青山拓央『分析哲学講義』に沿った形で、（やや専門的な表現を用い）このことについて記述してみると、次のようになる。すなわち、脳を含めた私の身体の完全な物理的コピーを作製してみるとする。このコピーは、機能的には私とまったく同じように振る舞う。つまり、食事や運動、演奏なども出来るし、会話も出来るのだ。しかし、このコピーには「クオリア（qualia）」がない。そこには、脳や身体の物理的機能にクオリアが「随伴」していないのだ。このようなクオリアを持たない物理的コピーとしての存在を「哲学的ゾンビ」あるいは「現象ゾンビ（phenomenal zombie）」と呼ぶ。

ここで言う「クオリア」とは何かというと、それは「主観的な感覚の質」を意味しており、リンゴを見た時の、あの赤さそのものとか、虫歯の時の、あの痛さそのものという風に、何らかの感覚に「そのもの」という語を添えて説明されるものである。

以上に関して、もう少し噛み砕いた言い方をするなら、ここでの「哲学的ゾンビ」とは、普通の人間と比べた場合、行動を含め物理的な差異はないのだが、意識の現象面（色とか匂い、聴こえ等）が欠けた主体として描き出されるものである。物理面での違いがないはずなのに「意識」が違うということになると、「意識」が物理世界に位置づけられないことになってしまうこととなり、二元論的世界観が鎌首をもたげてくることとなる。これは、かつて「魂」の存在をめぐって、激しい闘いが繰り広げられた場所である。

つまり、この「哲学的ゾンビ」という思考実験上のツールは、「魂」は諦めたけど「心（意識）」は諦めてないよ。だから、「ゾンビ」は「魂のないやつ」じゃなくて「意識（の非物理的であると期待される現象的側面）のないやつ」だよ、ということを論じるために用いられるものであり、その点、物理主義（physicalism）――心も含めてあらゆるものは物理的な存在なのだという考え方を攻撃するためのツールなのである。邪推するなら、有神論的世界観を如何に維持するかという隠れた動機を有するものと言うことも出来るかもしれない（アメリカ人は神様がお好き）。なお、以上に関するさらに詳細な説明は、左記の文献を適宜参照されたい。

■ David J. Chalmers, 1997, *The Conscious Mind: In Search of Fundamental Theory*, Oxford UP（林一訳『意識する心――脳と精神の根本理論を求めて』白揚社、二〇〇一年刊）

■ 金杉武司（二〇〇七）『心の哲学入門』勁草書房

「心の哲学」の文字通りの入門書。論理学の基礎的な知識に関する説明から出発し、個別の基本的論点を丁寧に押さえており、偏りもほとんどない。勁草書房のサイトには本書の著者が作成した「心の哲学ＭＡＰ＆心の哲学ブックガイド」が掲載されているので、それらも参考になる。

■ 青山拓央（二〇一二）『分析哲学講義』ちくま新書→「講義8――心の哲学の眺望」

現代の英米系分析哲学全体の中で、「心の哲学」という領域がどのように位置づけられているのかを概観する上での好著。また、英米系分析哲学の全体像を知る上でも、便利な本である。

以上の「心の哲学」の領域における「哲学的ゾンビ」以外にもゾンビと哲学との関係について論じた書籍としては、次のようなものが存在する。

■Greene, Richard & Mohammad, K. Silem eds., 2006, *The Undead and Philosophy: Chicken Soup for the Soulless*, Open Court Publishing（未邦訳）

タイトルは『アンデッドと哲学』だが、ゾンビと哲学的問題との関係について論じた論文が二十本ほど掲載されたアンソロジーである。内容は極めて多岐にわたるので、ごく一部だけを紹介しておくと、心身問題、ハイデガー、アリストテレス、スピノザ、快楽説、政治経済学、ルソー、フェミニズムなどなどと「ゾンビ」の関係について論じられている。内容は玉石混淆ではあるが、好みに従って読んでみると良いと思われる。但し、ゾンビとヴァンパイア（吸血鬼）との間に概念的区分を設けていない点が、訳者としては大変気になるところである。

6. ゾンビの社会文化史

試しに〝Zombie〟でGoogle検索をかけてみるなら、三億四千万件の検索結果がヒットするが、これは〝Japan〟の二億六千万件を上回る件数であり、世界中の人びとが、いかにゾンビに対して深い関心を寄せているかが分かる。わが国はゾンビから、その魅力の秘密について学ぶ必要があるかもしれない。

オックスフォード英語辞典（OED）に記載された英語での〝zombie〟という語の初出用例は、

一八一九年（ジェーン・オースティン逝去の二年後）にまで遡る。歴史的に見ると、ゾンビは、元々ブードゥー教を起源とするものであり、西インド諸島とアメリカ南部諸州に流布した民間信仰の一種なのだが、現在広く認知されている形態では、屍が甦って活動を始め、主として生きた人間を襲い、殺戮・捕食するものを意味する。

また、本書の中でも示されている通り、それは「生ける屍（Living Dead）」や「不死者（Undead）」或いは「食屍鬼（ghoul）」とも呼ばれ、特に不死であることの含意から、しばしば、所謂「吸血鬼（Vampire）」とも関連して語られる。――既にお分かりの通り、本書の中では、ゾンビとヴァンパイアは峻別されているのではあるが。

史上初のゾンビ映画は、ヴィクター・ハルペリン監督による『恐怖城・ホワイトゾンビ（White Zombie）』（一九三二）だが、この作品の中に登場するゾンビは、ロメロの作品に登場するものの様に人を襲って食べるというカニバリズム的な性質を持たず、元々のハイチの民間信仰に見られるように、砂糖工場での労働に従事させられる「命令に忠実な死体」として描き出されている。このような形で描き出されるゾンビには、人種問題や奴隷制などが表象されているとも言えるだろう。

本訳書の中で登場するゾンビは、上記のような民間信仰とは切り離されたものであり、端的にロメロの監督作品をその起源とする。二十世紀中葉以降、最も大きな成功を収めた、この「ゾンビ」という文化的アイコンは、ジョージ・ロメロ監督の手になる〝Living Dead〟三部作を母胎として生まれたものである。

この三部作は、原タイトルでは、〝Night of the Living Dead〟、〝Dawn of the Dead〟、〝Day of the Dead〟の三作品から構成されており、タイトル順に「夜」→「夜明け」→「昼間」という時の経過を示唆するものとなっている。便宜のため、後述の第四作『ランド・オブ・ザ・デッド』以降の作品も含め、年代順のリストを掲載しておこう。

①Night of the Living Dead（一九六八）　邦題『ナイト・オブ・ザ・リビング・デッド』
②Dawn of the Dead（一九七八／一九七九検閲）　邦題『ゾンビ』
→二〇〇四年、ザック・スナイダー監督によるリメイク版『ドーン・オブ・ザ・デッド』
③Day of the Dead（一九八五／一九八六）　邦題『死霊のえじき』
→二〇〇八、スティーヴ・マイナー監督によるリメイク版『デイ・オブ・ザ・デッド』
④Land of the Dead（二〇〇五）　邦題『ランド・オブ・ザ・デッド』
⑤Diary of the Dead（二〇〇七）　邦題『ダイヤリー・オブ・ザ・デッド』
⑥Survival of the Dead（二〇〇九）　邦題『サバイバル・オブ・ザ・デッド』

それぞれの日本公開時のタイトルだが、第一作目に関しては、英語からの音引きのまま『ナイト・オブ・ザ・リビング・デッド』であり、第二作目は『ゾンビ』、第三作目の〝Day〟に至っては、当時流行していたサム・ライミ監督作品『死霊のはらわた（The Evil Dead)』（一九八一）からの安直な連想によって『死霊のえじき』というタイトルを付けられている。

このような形での「死霊の〇〇」というネーミングが、当時どれほど猖獗を極めたかは、A・C・スティーヴン監督〝Orgy of the Dead〟（一九五五）の日本国内公開時のタイトル『死霊の盆踊り』に、その極北を見て取ることが出来るだろう。

ロメロは、この三部作のそのそれぞれに公開当時の政治・社会的状況を反映させた旨、インタビューの中で明らかにしている。それによるなら、第一作の〝Night〟は、ベトナム反戦運動や公民権運動の挫折に象徴される六〇年代カウンターカルチャーの敗北を、第二作〝Dawn〟は、ショッピングモールに象徴される消費主義批判を、そして第三作〝Day〟は、レーガン政権下における軍事費の増大とホームレスの爆発的増加という社会矛盾を、それぞれ当時の社会状況批判として描き出したものである。この点については、町山智浩によるロメロ本人へのインタビュー、即ち、同氏のサイト中二〇〇五年六月十八日のエントリーを参照されたい（http://d.hatena.ne.jp/TomoMachi/20050618）。

余談ではあるが、ロメロが意図したのと同様、ゾンビは一般的に、ある種の社会文化的な問題を表象する傾向にある。既に述べた通り、当初、それは人種や階級などにまつわる社会問題を表象するアイコンだったのだが、近年、飢餓や疫病、戦争への恐れなどを表象するものとしても扱われている。米国のインターネットや電化製品などメディアに関連するニュースや話題を扱ったブログメディアGizmodo（日本語版も存在する）の姉妹ブログio9では、ゾンビ映画がもっとも多く公開された時期を分析し、ゾンビ映画製作のパターンを認識しようとしているが、そこで判明したのは、社会的に不安定な時期や戦争が発生した時期の後には、ほぼ必ずゾンビ映画が増加するということだった。ごく最近では、二〇一一年のウォール街占拠事件（Occupy Wall Street 運動）の際に、ゾンビの扮装をした人びとが、ウォール・ストリートの街路を埋めたことなども注記される。

再びロメロ作品の話に戻ると、永らく三部作として完結したと思われていた、このトリロジーをめぐっては、二〇〇五年に〝Day〟以来二十年間の沈黙を破って、晴天の霹靂の如く〝Land of the Dead〟という続編が、そして二〇〇七年にも〝Diary of the Dead〟、さらには二〇〇九年に〝Survival of the

Dead〟が登場したのだが、特に〝Land〟については、ゲイティッド・コミュニティやセキュリティの問題と関連するモチーフを内包するものであることが指摘される。なお、以上のロメロ作品に関する行き届いた作品批評としては、文献一覧にも挙げたパッフェンロス（Paffenroth）の著作を参照されたい（未邦訳）。

さて、このトリロジーの中で、特に第二作『ゾンビ（Dawn）』は、ゾンビ的文化アイコンの系譜に連なる作品群の中で、その白眉・金字塔をなすものだが、内容的には、近年、わが国においても圧倒的な勢いを以て広がり続ける〝郊外〟型大規模ショッピングモールを舞台としたものであり、このような舞台装置と物語モチーフは、もはや、その裾野を確定しがたい程に、膨大なヴァリエーションを産み出すに至っている。

既に触れたように、第二作においては、生き残った人間たちが郊外の大型ショッピングモールに立て籠もり、そこへと押し寄せてくるゾンビの群れは、現代に至る所謂「消費社会」へのアンチテーゼとして描かれている。彼らは、生ける屍と化した後にも、生前最良の時、即ち、「消費生活」を謳歌した場所へと無意識のうちに戻って来るというのだ。

このような形での「郊外化」の進展と「消費主義」の蔓延への危惧は、わが国でも、既に江戸時代に見られ、荻生徂徠は、一七二〇年代にその著『政談』の中で江戸のスプロール化と武士の消費者への転落を嘆いているのを見て取ることが出来る。この点については、訳者である谷口の論攷「ショッピングモールの法哲学」（『RATIO』06号、講談社）を参照されたい。

より大衆的なレベルでは、鶴屋南北『東海道四谷怪談』こそが、このような徂徠が嘆いた江戸の郊外化と消費文化の陰の側面を「ゾンビ的なるもの」、すなわち「お岩」を通して描き出したものと捉えることも可能かもしれない。この点については、先に登場した徂徠、そして『忠臣蔵』などへの言及も行う形で、四谷怪談を江戸の都市化とその崩壊という観点から描き出した市村弘正『「名づけ」の精神史』(みすず書房、一九八七=平凡社ライブラリー、一九九六)が参照される。

今日においても、ゾンビにまつわる形では、江戸期以来の古典芸能たる歌舞伎で、「大江戸りびんぐでっど」といった新作出し物が上演されている。この新作歌舞伎は、二〇一〇年に、宮藤官九郎が原作・演出を担当し、市川染五郎、中村七之助、中村勘三郎、坂東三津五郎などが出演したものである。あらすじは、くさや汁を浴びた死人が甦って「存鼻(ぞんび)」となるのだが、くさやの名産地・新島出身の半助が、体にくさや汁を塗るとゾンビたちを操れるようになることに気が付き、ゾンビの人材派遣会社を設立するというものである(「意識はないけど、やる気はある」というのが、この会社のモットーである)。

この項に関連する最後の話題として、わが国におけるゾンビ関連の社会活動? などについて、ごく簡単に触れておくと、「日本・ゾンビ会議」という団体が存在しており、この団体の主催で、二〇一一年十月に札幌で「ゾンビ・ウォーク(Zombie Walk)」と呼ばれる催しが行われたりもしている。これは参加者がゾンビの扮装をして街路を練り歩くものである。ゾンビ・ウォークの歴史は、二〇〇一年にカリフォルニア州サクラメントで行われたものが最初であるとされており、ペンシルヴァニア州ピッツバーグのモンローヴィルモール(ロメロ『ゾンビ』の舞台)、トロント、ブリスベンなど、現在、様々な場所で開催されている。既に触れたように、近年では、二〇一一年十月、折からのオキュパイ・ウォールストリート運動に連動する形で、ゾンビの扮装をした人びとによるデモがウォール街周辺で行われている。このデモに参加した人びとは「コーポレート・ゾンビ」と称する仮装をし、抗議の声をあげた。政府の支援によって延命する金融機関などを象徴するとみられるこのゾンビたちは、口に偽札をくわえるなどして街を練り歩いたとのことである。

また、この他にも「東京国際ゾンビ映画祭」なども開催されており、この映画祭ではマーク・プライス監督『コリン』(二〇〇八)を始めとする十六のゾンビ映画が一週間にわたって上映された。

7. ゾンビと医学・生命科学

ドラマ『ウォーキング・デッド』の第一シーズンの中でも、人類の希望の最後の砦として「アメリカ疾病管理予防センター(CDC＝Center for Disease Control and Prevention)」が登場する(そして自爆装置で爆破される……)が、ゾンビモノの中で医学や生命科学、そして、それらに関連する公的機関などの果たす役割は小さくない。

たとえば、CDCは、二〇一一年五月十六日付の公式ブログに「その日の備え101――ゾンビ黙示録」と題したエントリーを掲載している。その中でCDCは、「私たちが備えておける緊急事態はいろいろあります。例えば、〝ゾ・ン・ビ〟とか。そう、ゾンビです。今、笑っている人もいるかもしれませんが、実際にゾンビが現れたら、読んでおいてよかったと思いますよ」と、具体的な対策を説明している。

CDCが伝授するゾンビ対策は、安全な場所を見つけるまでの数日をしのぐための水や食料、医薬品や万能ナイフなど、緊急避難セットの用意から始まり、有事における家族との緊急時プランをあらかじめ相談しておき、どこに逃げるのか、ゾンビが自宅に現れたら誰に電話するのかなどを取り決めておくことなどを勧めている。

ＣＤＣは、これらのことをアドバイスしながら次のように言っている。――「皆さんお気づきと思いますが、ＣＤＣのアドバイスはすべて自然災害が起きたときにも通用するものです」と。このＣＤＣによるゾンビ対策エントリーは、実のところ、ハリケーンシーズンの到来に向け、災害対策に興味を持たせるための作戦だったのだが、その狙いは見事に当たり、通常は週に一〇〇〇アクセス程度のＣＤＣのブログが、ゾンビ対策のエントリーは、一日で三万アクセスを記録したとのことである。

この他にも、二〇一二年五月にフロリダ州マイアミで起きた事件では、高速道路上で全裸の男が生きたホームレスの顔面を食べるという恐るべき事態が発生したが、これについてもＣＤＣは声明を発している。この事件の犯人は、近年欧米で問題になっている脱法ドラッグ「バスソルト」を服用していた疑いがあるとされ、世界中に「マイアミ・ゾンビ」として衝撃を与えているが、アメリカのリベラル系インターネット新聞、ハフィントン・ポスト紙の取材に対する電子メールでの応答の中で、ＣＤＣのスポークスマンであるデイヴィッド・デーグルは、「ＣＤＣは、死体を甦らせるウィルスなどの存在は感知していない。また、ゾンビのような症状を呈するものに関しても感知してはいない」とアナウンスしている。

なお、二〇一二年五月から六月にかけては、この手の事件が全米で連続して発生し、「ゾンビ黙示録（zombie apocalypse）」という言葉が脚光をあび、一時的に、Googleトレンドの一位を占めたりもした。

ＣＤＣ以外にも、ゾンビに関して真面目？ に研究している医学関係者は存在し、既に紹介したゾンビ研究学会諮問委員会のメンバーでもあるハーヴァード大学のシュロツマン医学博士は、『ゾンビの解剖学（The Zombie Autopsies）』という著作を刊行している。以下は、訳者による、その内容の簡単な紹介である。

人類最後の砦……国連前哨基地で提出されたレポートから本書は始まる。日付は、二〇一三年一月二十五日の近未来。この時点で既に全人類の三分の二がゾンビに感染するか、さもなければ死亡している。そのような人類滅亡の瀬戸際の中で発見されたスタンリー・ブルム博士による手書きの研究ノートの中には人びとのゾンビ化の原因であるＡＮＳＤ病原体*に関して、驚くべき事実が記されていた。博士によるなら、この病原体は自然発生したものではなく、人間の手によって作られたものだったのである。ブルム博士の手書きノートは、後半にゆくにつれゾンビ化の謎からヴェールを剥ぎ取って行き、そして……。

本書の構成は、上記の国連の機密指定レポートから始まり、ブルム博士のノートをそのままコピーしたもの（博士が描いた精密なゾンビ解剖図も含む）と、以下の七つの資料から成っている。――「資料1　用語集」、「資料2　架空の学術ジャーナルに投稿されたＡＮＳＤ病原体に関する研究論文」、「資料3　ＡＮＳＤに関する架空の国連総会決議」、「資料4　ブルム博士のノートＰＣのＨＤＤ内から発見された架空のデータ」、「資料5　グリーンランド南西沖で漂流していたボートから発見されたＰＣの中にあったe-mailによる架空の交信記録」、「資料6　グティエレス博士から彼女の子どもの頃、世話になった神父へ宛てて書かれた私信の架空のコピー（スペイン語から英語に翻訳されたもの）」、「資料7　ＡＮＳＤの感染経路と治療法に関する架空のチャート」。

＊　神経組織失調性飽食不全症候群（Ataxic Neurodegenerative Satiety Deficiency Syndrome）

8. 現代議会主義におけるゾンビの精神史的地位

民主主義の本質をなすものは、第一に、同一性ということであり、第二に（必要な場合には）異質的なものの排除ないし絶滅ということである――カール・シュミット

ドレズナーによる本書の中での「議会（立法府）」の扱いを見てみるなら、緊急事態の発生に際しては、行政が圧倒的な優位に立ち、立法や司法は謙抑的にならざるを得ないこととなるのだが、このような形で描き出される議会は、平時においてゾンビをどのように認識しているのだろうか。わが国、国権の最高機関たる国会において、ゾンビがどのような扱いを受けているのかを国会会議録検索システムを用いて調べてみることにした。以下は、わが国の議会における「ゾンビ」の語用実態の調査結果である。

第一国会から直近の第百八十国会までの、衆参両院の本会議及び全委員会を対象に検索をかけてみると、累計五二件の発言を見つけ出すことが出来る。これらを、日付、発言者、所属政党、発言が行われた院（衆 or 参）、発言が行われた場所（本会議 or 各委員会）、発言内容に分け、エクセルで一覧を作成してみたところ、次のようなことが判明する（図1を参照）。

まず、日付に注目すると、「ゾンビ」の高頻度発生期間と件数は、平成十五年三月十五日から三月二十八日にかけての六件であり、これらは衆参の経済産業委員会においてなされている。この他の集中度が高い時期は、平成十四年七月十九日から十一月二十八日にかけて五件が集中しており、これらは衆参の財務金融委員会でのものである。

次に、政党ごとの「ゾンビ」発言の頻度を見てみると、民主二二、自民一三、公明五、みんな八、

図１　わが国の議会にみる「ゾンビ」語用実態．典拠：国会会議録検索システム．

日付	発言者	政党等	衆／参	本会議／委員会	内容
H7.10.11	前原誠司	民主	衆	予算委員会	ゾンビバンク
H9.5.28	石川真澄	参考人	衆	公選法改正に関する特別調査委員会	ゾンビ議員
H10.3.11	池坊保子	公明	衆	文教委員会	テレビゲームに登場するゾンビ
H13.4.11	島聡	民主	衆	内閣委員会	ゾンビコンピューター
H13.6.13	鳩山由紀夫	民主	両院	国家基本政策委員会合同審査会	ゾンビのように改革に抵抗する人たち
H13.10.26	後藤茂之	自民	衆	経済産業委員会	中小企業のゾンビ化
H14.7.19	植田至紀	社民	衆	財務金融委員会	銀行等保有株取得機構が一般事業法人の保有する銀行株を買い取りの対象とするスキームの、ゾンビのような復活
H14.10.30	達増拓也	民主	衆	財務金融委員会	ゾンビ企業
H14.11.7	平野達男	民主	参	財務金融委員会	ゾンビ企業
H14.11.14	深尾光洋	参考人	参	財務金融委員会	ゾンビ企業
H14.11.28	峰崎直樹	民主	参	財務金融委員会	ゾンビ企業
H15.2.7	谷垣禎一	自民	衆	予算委員会	ゾンビ企業
H15.3.12	谷垣禎一	自民	衆	経済産業委員会	過剰供給構造について「ゾンビを生き返らせてみんなで足を引っ張って苦しんでいるような構造」
H15.3.18	谷垣禎一	自民	衆	経済産業委員会	同上
H15.3.19	谷垣禎一	自民	衆	経済産業委員会	同上
H15.3.25	谷垣禎一	自民	参	経済産業委員会	同上
H15.3.27	広野ただし	民主	参	経済産業委員会	ゾンビ企業
H15.3.28	広野ただし	民主	参	経済産業委員会	ゾンビ企業
H15.4.1	松井孝治	民主	参	経済産業委員会	過剰供給構造
H15.4.23	竹中平蔵	自民	参	金融問題及び経済活性化に関する特別委員会	ゾンビ企業
H15.6.2	川橋幸子	民主	参	決算委員会	ゾンビゼネコン
H16.2.23	首藤信彦	民主	衆	予算委員会	ハイチのサバナ・ゾンビ、ゾンビ高原
H16.3.30	松野信夫	民主	衆	本会議	道路公団新会社について
H16.6.3	平野達男	民主	参	財務金融委員会	金融二法案の復活について
H16.11.2	西田実仁	公明	参	財務金融委員会	ゾンビ企業

日付	発言者	政党等	衆／参	本会議／委員会	内容
H17.2.17	馬淵澄夫	民主	衆	予算委員会	官僚のゾンビのようなしぶとさ
H17.5.12	水岡俊一	民主	参	総務委員会	ゾンビPC
H18.11.16	辻元清美	社民	衆	日本国憲法に関する調査特別委員会日本国憲法の改正手続に関する法律案等審査小委員会	国民投票で再度同じ案件をゾンビのように復活させて投票にかける
H19.3.23	西田実仁	公明	参	本会議	ゾンビ企業
H19.5.16	広田一	民主	参	本会議	公営企業金融公庫
H20.5.16	大田弘子	自民	衆	内閣委員会	ゾンビ企業
H20.5.29	外山斎	民主	参	総務委員会	ゾンビパソコン
H22.3.23	柿澤未途	みんな	衆	国土交通委員会	ゾンビ化する公共事業
H22.10.18	蓮舫	民主	参	内閣委員会	事業仕分け
H22.10.29	西田実仁	公明	参	議員運営委員会	廃止となった事業が一一年度予算の概算要求に盛り込まれている
H22.11.1	蓮舫	民主	衆	予算委員会	事業仕分け
H22.11.1	谷合正明	公明	参	行政監視委員会	事業仕分け
H22.11.4	野上浩太郎	自民	参	本会議	事業仕分け
H22.11.8	蓮舫	民主	衆	予算委員会	事業仕分け
H22.11.11	寺田典城	みんな	参	行政監視委員会	官僚機構
H23.2.23	金子一義	自民	衆	予算委員会	国債整理基金について
H23.7.6	渡辺喜美	みんな	衆	予算委員会	東電＝ゾンビ企業
H23.7.8	柿澤未途	みんな	衆	本会議	東電＝ゾンビ企業
H23.7.11	長尾敬	民主	衆	東日本大震災復興特別委員会	東電
H23.7.14	松田公太	みんな	参	東日本大震災復興特別委員会	東電
H23.7.20	山内康一	みんな	衆	予算委員会	東電＝ゾンビ企業
H23.7.25	小野次郎	みんな	参	予算委員会	東電＝ゾンビ企業
H23.9.26	塩崎恭久	自民	衆	決算行政監視委員会	事業仕分け
H23.11.30	平将明	自民	衆	決算行政監視委員会	事業仕分け
H23.12.6	牧山ひろえ	民主	参	予算委員会	事業仕分け
H24.6.14	磯崎仁彦	自民	参	経済産業委員会	事業仕分け
H24.6.19	中西健治	みんな	参	財務金融委員会	ゾンビ企業

社民二で、残り二発言は参考人によるものとなっている。もちろん、発言当時の議席配分も考慮すべきなのだが、どうやら、民主党のゾンビ愛好度が最も高いようである（議席の配分割合からすると、みんなの党が一番のゾンビ好きなのかもしれない）。なお、これら民主党議員十七名のうち、二〇一二年の消費増税法案への賛否をめぐって離党し、新政党「国民の生活が第一」へと参集したものは、達増拓也（現岩手県知事）、広野ただし、外山斎の三名であり、小沢シンパであることと、ゾンビ愛好度とのあいだに際だった相関があるわけではないようである。

全発言のうち、本会議場で発せられたものは四回（参院三回、衆院一回）であり、その他は衆参の各種委員会でなされているが、頻度の多いものとしては、予算委員会八、経済産業委員会八、財務金融委員会七などを挙げることが出来る。

ちなみに、日本国憲法施行以降の全会期を通じ、本邦議会開闢以来、神聖なる議場で、まこと滑らかに「ゾンビ」の語を口舌に載らしめた最初の発言者は、前原誠司・衆院議員（民主・現政調会長）である。その記念すべき第一号発言は、平成七年十月十一日の衆院予算委員会で行われた。

複数回にわたって発言している者は、谷垣禎一（自民・現総裁）、西田実仁（公明）、蓮舫（民主・国務大臣）、柿澤未途（みんな）、広野ただし（民主）などである。

また、用例として圧倒的だったのは、「企業のゾンビ化」に関連するもので、その数一七件を数える。そのほかに多かったのは「事業仕分け」にもかかわらず復活してきた事業についての言及であり、残余でめぼしいものは「ゾンビＰＣ」、「東電」、「ゾンビ議員」などなどである。

余談ではあるが、小選挙区で落選したにもかかわらず比例復活する議員のことを、一般に「ゾンビ議員」と呼ぶが、このようなゾンビ議員として最も名を馳せた人物としては、保坂展人（社民・現世田谷区長）が特記される。

保坂は、一九九六年の第四十一回衆院総選挙で、東京二十二区（三鷹市・狛江市・調布市・稲城市）から立候補したものの、山花貞夫（民主）、伊藤達也（新進・現自民）らに破れ、当該選挙区では得票数「五位」で落選したが、重複立候補していた比例東京ブロックで復活し、初当選を果たした。ただ、この際の小選挙区での得票率はわずか「五・八九％」であり、供託金を没収されている。

この選挙をきっかけに、小選挙区での得票率が著しく低い候補者の比例復活は制限されるべきであるとの主張が澎湃として高まり、結果、公職選挙法改正により小選挙区での得票率が有効票数の一割を下回った場合には、比例復活がなし得なくなったのだった。

保坂氏においては、公選法を改正にまで導いた、その栄えある功績ゆえに、是非とも比例復活組にひろく参集を呼び掛け、「ゾンビ議連」の結成を期待したいところである。

この項、最後の指摘となるが、国会での「ゾンビ」への言及は、国務大臣（谷垣禎一、大田弘子、竹中平蔵、蓮舫）による発言はあるものの、現役の内閣総理大臣によるものは存在しない。のちに総理になる者としては、唯一、鳩山由紀夫だけが「ゾンビ」と発言していることも、この際、銘記されておくべきかと思われる。

ちなみに、この鳩山発言は、平成十三年六月十三日、両院・国家基本政策委員会合同審査会でなされたものであり、鳩山は、道路特定財源の一般財源化に関連して、「ゾンビのように改革に抵抗する人たち」と述べている。

なお、蛇足ではあるが、上記にすべてに関して、各自の肩書き・所属は、特段の断りのない限り発言当時のものとした。

9．余は如何にしてゾンビ愛好者となりし乎

最後に、本書の訳者・解説者である、私（谷口）自身とゾンビとの縁について少しだけ記しておくこととしたい。

生まれて初めて自分から能動的にゾンビ映画を観たのは、本書の中にも登場する、ダン・オバノンの監督作品『バタリアン』だったと記憶している。この映画の日本での封切りは一九八六年であるから、当時の私はまだ中学一年生だったわけだ。当時、今となっては何故かは分からないのだが、大分市の竹町商店街を歩きながら、その内容に独り戦慄していたことだけは、鮮明に覚えている。

今回、この原稿を書くにあたり、およそ二十六年の月日を経て、『バタリアン』を改めて鑑賞したが、十代の私よ、君は一体なにを怖がっていたのか。実に謎である……。

それはさておき、この二十年以上ぶりの『バタリアン』は、紛れもなくロメロの『ナイト・オブ・ザ・リビング・デッド』へのオマージュに満ちた作品（パロディ）であることに、今回はすぐに気が付いた。当時、もちろん私は『ナイト・オブ・ザ・リビング・デッド』を観たことがなかったのだ。だいたい、当時の大分で、どうやって『ナイト・オブ・ザ・リビング・デッド』を観ることが出来たと言うのか……。まだビデオ・レンタルも満足になく、私の実家のビデオ・デッキ自体、ソニーのβデッキだった。思えば、余りにも遠くまで来てしまったものである。

ゾンビ初体験は、ともかくとして、その後、私は東京に出て来て浪人したのだが、浪人の分際で実によく映画を観た。駿台五号館から、お隣のアテネ・フランセまで、せっせと映画を観に通ったものだ。その後、大学に入ると、この映画熱はさらに亢進し、何を間違ったのか、駒場の時には蓮實重彦

ゼミに顔を出したりして、鼻持ちならないシネフィルを気取っていたのは、もちろん今や、黒歴史である。

ゾンビ映画を好んで意識的に観るようになったのは、恐らく博士課程の院生（本書第8章末尾を参照）の頃くらいからで、要するに論文を書きあぐねて苦しんでいた時に、ともかくも逃避の一環としてゾンビに耽溺したのだろうと思われる。ほとんどゾンビのような者が、ゾンビを観て喜んでいたわけであり、笑えない話である。

この「ゾンビ研究事始」には、当初、この院生時代以来の私自身の専門である「法哲学」の観点からの話も盛り込むつもりだったのだが、実際に書き始めてみると膨大な量になってしまったので、今回は紙幅の関係上、割愛することとした。これについては他日、機会があれば、別の形で公表するかもしれない。

ところで、私とゾンビとの日常的な付き合いは、或ることの「妄想」に尽きる。それは、これまで読み、そして観た、ゾンビモノの書籍や映画のディテールを微に入り細に穿って反芻しながら、もし、実際にゾンビが発生したら、どのようにして生き延びるのか、そして、「対ゾンビ防御が完全な家（*zombie-proof house*）」とはどのようなものか、ということを、ただひたすら妄想するのである。長年、寝付きの悪い私にとって、この妄想は、枕頭の慰めの最たるものなのとなっている。

ちなみに、最近知ったことではあるが、このようなゾンビ・プルーフな住宅に対するオブセッションは私だけに特有のものというわけでもなく（後述の児玉聡さんも同士らしいのだが）、実際に「ゾンビ・セーフ・ハウス・コンペ」が開催されている。このコンペには、現役の建築家たちが参加し、対ゾンビ防御性の高い設計を競っているとのことである（詳細は http://zombiesafehouse.wordpress.com/ を参照されたい)。

以上のような経緯からも明らかなように、私自身のゾンビ愛好者としての自覚的な歴史は、それほど長くはない。だが、私は本日、ここで声を大にしてハッキリと言っておきたい。オレは、ゾンビが、ゾンビモノの映画が、好きでタマランのだ! と。誰はばかることなく、不惑を目前にして、私はゾンビへの愛を、ここに高らかに叫んで解説を閉じることとしたい。

付録1　ブックリストなど

以下では本書に関連するものも含め、広くゾンビ一般について知るために便利な書籍(コミックも含む)やウェブ上のサイトなどを紹介しておく。

■伊東美和編(二〇〇三)『ゾンビ映画大事典』洋泉社

ゾンビについて知る上では必須の一冊。一九三二年封切りの『恐怖城・ホワイトゾンビ』から始まり、二〇〇二年の『バイオハザード』に至るまでの約三五〇本の映画についての解説が掲載されている。何はなくとも一家に一冊!

■伊東美和編(二〇一一)『ゾンビ映画大マガジン』洋泉社

上記の大事典の続編で、二〇〇二年以降のゾンビ映画についての記事を掲載している。編者も記している通り、二〇〇二年から二〇一〇年までに製作されたゾンビ映画は何と三〇〇本を超えており、未曾有のゾンビ・ブームが到来していると言える。ジョージ・ロメロのインタビュー記事など、資料的にも貴重なものとなっている。

■ZOMBIE手帖ブログ　http://blog.livedoor.jp/zombie_tecyo/

伊東美和氏によるゾンビ映画などの情報サイト。頻繁に更新されており、ゾンビ関連の情報をチェックする上では必須のサイトである。

■町山智浩ブログ　http://d.hatena.ne.jp/TomoMachi/

アメリカ文化・映画の評論家としても著名な町山智浩氏によるブログ。ロメロのインタビュー記事など、ゾンビ関連の貴重な情報も数多く掲載されている。

■Paffenroth, Kim, 2006, *Gospel of the Living Dead*, Baylor Univ. Press

『ゾンビ』から『ランド・オブ・ザ・デッド』までの四作品と『ゾンビ』のリメイク版のそれぞれについて、社会文化的背景も加味した形での、きわめて行き届いた批評を行っている。アメリカの社会文化史としても読み応えのある一冊。

■野原祐吉（二〇一一）『ゾンビ・サーガ――ジョージ・A・ロメロの黙示録』ABC出版

日本語で書かれた、数少ない、まとまった形でのロメロ作品批評の一つ。ゾンビへの愛を感じる一冊である。

■Mogk, Matt, 2011, *Everything you want to know about Zombies*, Gallery Books

ゾンビ研究学会の創設者によるもので、およそゾンビに関わるありとあらゆる事柄を網羅した本。事典的に使うことが出来、極めて便利である。

■Schlozman, Steven C, 2012, *Autopsies of Zombie*, Grand Central Publishing

既に紹介した通り、ハーヴァードの医学者による「ゾンビの解剖」をテーマにしたSF的な著作。本のつくり自体が非常に興味深いので、ぜひ一度手にとって見てみることをお薦めしたい。

■東京ゾンビ研究会（二〇〇九）『ゾンビ大事典――VSゾンビ生存マニュアル』笠倉出版社

■東京ゾンビ研究会（二〇一〇）『ゾンビ解体新書――ゾンビハザード究極マニュアル』笠倉出版社

■東京ゾンビ研究会（二〇一一）『ゾンビ大事典2――生き残るための52のルール』笠倉出版社

上記三冊は、笠原出版社が立て続けに刊行したゾンビモノ。コンビニの棚にゾンビ本が並んでいるのを見た時には、些かの感慨を禁じ得なかった。個人的には、本格的なゾンビ・ブームの到来の先触れを感じた。中身は、いずれも軽めのものだが、図版などが豊富に掲載されている。ただ、三冊の内容に若干の重複があるので、どれか一冊が手元にあれば、十分かもしれない。

この他に小説作品も近年、数多く出版されており、下記、冒頭に掲げたジェーン・オースティンの『高慢と偏見』のマッシュアップをはじめ、様々な作品が刊行されている。以下は、その一部であるが、日本でも映画監督・押井守による小説が刊行されたりしている。

■ジェーン・オースティン、セス・グレアム＝スミス著、安原和見訳（二〇一〇）『高慢と偏見とゾンビ』二見書房
■ジョン・オースティン著、兼光ダニエル真訳（二〇一一）『ゾンビの作法――もしゾンビになったら』太田出版
■S・G・ブラウン著、小林真理訳（二〇一一）『ぼくのゾンビ・ライフ』太田出版
■押井守（二〇一二）『ゾンビ日記』角川春樹事務所

また、ゾンビに関連したマンガ作品も数多く出版されており、以下は近年、目に付いたもので、訳者の谷口自身が実際に読んだことのあるものの一部である。それぞれの詳細について書き出すとキリ

がないので詳細は省くが、最後の二つは、アメコミの翻訳ものである（特に最後のものの内容は良い意味で滅茶苦茶である）。

■平野耕太『ヘルシング』少年画報社、全十巻（一九九八〜二〇〇九）

■花くまゆうさく『東京ゾンビ』青林工芸舎、一九九九年

■花沢健吾『アイアムアヒーロー』小学館、一〜十巻（二〇〇九年、続刊中）

■すぎむらしんいち『ブロードウェイ・オブ・ザ・デッド 女ンビ——童貞ＳＯＳ』講談社シリウスコミックス、一〜二巻（二〇一二年、続刊中）

■古泉智弘『ライフ・イズ・デッド』双葉社、二〇一二年

■木村心一著、さっち画『これはゾンビですか？』富士見書房、一〜四巻（二〇一〇年、続刊中）なお、同出版社・同タイトルで、ラノベも刊行。現在十巻まで既刊で、こちらも続刊中。

■ロバート・カークマン著、風間賢二訳『ウォーキング・デッド』飛鳥新社、一〜三巻（二〇一一年、続刊中）

■ロバート・カークマン著、ショーン・フィリップス画、市川裕文他訳『マーベルゾンビーズ』ヴィレッジブックス

付録2　本書の中に登場する映画、ドラマ、小説の初出一覧（本書登場順）

各作品の頭に付した記号は、訳者（谷口）の独断に基づくものであり、本書の内容及び「ゾンビ」というジャンルを理解する上での重要度を示している。★が必須、☆は補助的な観賞を推奨してい

る。この評価は、必ずしも作品そのものの面白さや重要さを基準にはしていない点、留意されたい。

第1章
『アグリー・アメリカンズ』（ドラマ）
☆『ウォーキング・デッド』（ドラマ）

第3章
★『ナイト・オブ・ザ・リビング・デッド』（一九六八）ジョージ・ロメロ監督
『アイ・アム・レジェンド』（小説／一九五四）リチャード・マシスン著／早川文庫
☆『地球最後の男』（一九九九）レス・ランドウ監督
★『アイ・アム・レジェンド』（二〇〇七）フランシス・ローレンス監督［リメイク版］
『ボディ・スナッチャー』（一九六五）ドン・シーゲル監督

第4章
☆『バタリアン』（一九八五）ダン・オバノン監督
『プラネット・テラー』（二〇〇七）ロバート・ロドリゲス監督
『デッド・アライブ』（一九九二）ピーター・ジャクソン監督
→日米版は『ブレイン・デッド』
★『二十八日後…』（二〇〇二）ダニー・ボイル監督

☆『二十八週後…』（二〇〇七）ファン・カルロス・フレスディナージョ監督
☆『ドッグハウス』（二〇〇九）ジェイク・ウェブ監督
★『ゾンビ・ストリッパーズ』（二〇〇八）ジェイ・リー監督
『セル』（小説／二〇〇六）スティーブン・キング著
『ワールド・ウォー・ゼット』（小説／二〇〇七）マックス・ブルックス著
★『プレイグ・オブ・ザ・デッド（Plague of the Dead）』（小説／二〇〇六）Z・A・レヒト著／未邦訳
『ゾンビランド』（二〇〇九）ルーベン・フライシャー監督
☆『ゾンビ』（一九七八）ジョージ・ロメロ監督
『死霊のえじき』（一九六五）ジョージ・ロメロ監督
『処刑山・デッドスノウ』（二〇〇九）トミー・ウィルコラ監督
『ダイヤリー・オブ・ザ・デッド』（二〇〇八）ジョージ・ロメロ監督

第5章
☆『ランド・オブ・ザ・デッド』（二〇〇五）ジョージ・ロメロ監督

第6章
★『ショーン・オブ・ザ・デッド』（二〇〇五）エドガー・ライト監督
『フィード（Feed）』（小説／二〇一〇）ミラ・グラント著／未邦訳

付録3　独断と偏見に基づくお薦めの鑑賞リスト

ゾンビ映画などを全く観たことがないが、これから観てみたい、あるいは、本書の内容をより良く理解したいという人向け。最低限、以下を観れば（読めば）、大丈夫なはず……。

1『ゾンビ』（一九七八）ジョージ・ロメロ監督　＊金字塔！　これを観てダメなら、ゾンビ適性がないと諦めて下さい……。

2『ナイト・オブ・ザ・リビング・デッド』（一九六八）ジョージ・ロメロ監督　＊何はなくともの古典。

3『バタリアン』（一九八五）ダン・オバノン監督　＊素晴らしいテンポの実に映画らしい映画。ナイトへの愛に溢れたパロディ。

4『二十八日後…』（二〇〇二）ダニー・ボイル監督　＊古典的ゾンビからの逸脱。走る！

5『ショーン・オブ・ザ・デッド』（二〇〇五）エドガー・ライト監督　＊イングランド・パブ・愛。

6『ワールド・ウォー・ゼット（小説）』（二〇〇七）マックス・ブルックス著　＊絶対に必須の一冊。圧倒的な面白さ。著者は、メル・ブルックスの息子でもある。

あとがき

私自身、最初に本書の存在を知ったのは、知人の研究者・石川涼子さんのブログで、お連れ合いの児玉聡さん（最近、ちくま新書から『功利主義入門』を刊行された）がイギリス出張で買って帰った本書を紹介されているのを目にしたからである。この点、本書の存在をいち早くお知らせ下さった、石川涼子さんと児玉聡さんのご夫妻には、ゾンビ同好の士として、深く感謝しておきたい。

また、共訳者であり同僚でもある山田高敬先生におかれては、翻訳作業の途中、ご体調の優れない中、無理をおして訳稿のチェックや詳細な補足解説の執筆にあたって頂くなどした点、お詫び申し上げると共に、深甚な感謝を申し述べておきたい。国際政治学、国際関係論の専門的知見に関する部分については、山田先生のお力無くして、到底、このような形での出版は望み得なかった。

本書の翻訳行程について附言しておくと、作業はまず谷口によって全文訳出が行われ、当該訳稿の全編に対して山田が詳細なチェックを入れ、それらのチェックをほぼ反映させる形で谷口が最終稿を完成させた。従って、本文翻訳上の最終的な責任は、すべて谷口が負う。

巻末に収録した「ゾンビ研究事始」に関しては、谷口が執筆したものに対して、国際政治学・国際関係論に関わる箇所を中心に山田がチェックを入れ、また、詳細な補足説明を箇条書き形式でご執筆頂き、それらをほぼ反映させた形で、やはり谷口が最終稿を完成させた。これについても、最終的な責任は、すべて谷口が負う。なお、「ゾンビ研究事始」のクレジットに関しては、両訳者の間での相談により、谷口単一のクレジット記載とした。

本書の刊行にあたって、白水社の竹園公一朗さんには、再び、大変お世話になった。企画段階から、異色の書籍である本書の出版企画を熱心にお進め頂いた点、誠に感謝に堪えず、本書もまた竹園さん抜きには刊行され得なかった本である。

最後にドレズナーにならって言っておくべきことがあるが、私の学問上の師である東京大学教授・井上達夫先生、本当にすいません……。

訳者を代表して――谷口功一

二〇一二年九月

注

第1章　アンデッドへの…イントロダクション

1. Bishop 2008; Dendle 2007.

2. Brooks 2003; Louison 2009; Ma 2010.

3. Bolger 2010.

4. Austen and Grahame-Smith 2009；『高慢と偏見とゾンビ』の成功は，同様の古典小説の翻案を産み出した．たとえば，それは，子ども向けの物語（Baum and Thomas 2009; Carroll and Cook 2009）から，アメリカ文学における試金石（Twain and Czolgosz 2009），そしてビートルズの歴史（Goldsher 2010）にまで至る．

5. Katy Harshberger of St. Martin's Press, quoted in Wilson 2009.

6. Bishop 2008; Newitz, 2008; VanDusky 2008.

7. Koblentz 2010; Stern 2002–3.

8. Dendle 2007, 54.

9. Buus 2009; Grayson, Davies, and Philpott 2009.

10. See, for example, the University of Florida's advisory manual at http://www.astro.ufl .edu/~jybarra/zombieplan.pdf (accessed July 15, 2010).

11. Wexler 2008. See also http://humansvszombies.org/ About (accessed July 15, 2010).

12. John B. Snow, "Surviving the Undead: Zombie Guns," *Outdoor Life*, March 3, 2010; http://www.outdoorlife.com/ photos/gallery/survival/2010/03/surviving-undead-zombie-guns (accessed July 15, 2010).

13. Carlson 2003; Chyba and Greniger 2004; Klotz and Sylvester 2009; Koblentz 2010; Stern 2002–3.

14. Berlinski 2009; Davis 1988.

15. Twitchell 1985, 273.

16. Waldmann 2009.

17. 重要な例外として，Brooks 2006 と Grant 2010.

18. Cooke 2009 の第 7 章．明白かつ重要な例外としては，Joss Whedon のテレビ・シリーズ “Buffy the Vampire Slayer”（1997–2003）と “Angel”（1999–2004）．ティーン向けのヴァンパイア本としては，L. J. Smith のヴァンパイア・ダイヤリー・シリーズ（1991–）など．

19. On teen vampires in books, see L. J. Smith's Vampire Diaries series (1991–); Charlaine Harris's Southern Vampire Mysteries (aka the True Blood series, 2001–); Stephenie Meyer's Twilight series (2005–); Richelle Mead's Vampire Academy series (2006–); D. C. Cast and Kristin Cast's House of Night series (2007–); and Melissa De La Cruz's Blue Bloods series (2007–); and that's just for starters.

20. Grayson, Davies, and Philpott 2009, 157.

第 2 章　これまでのゾンビ研究

1. Bishop 2009; Harper 2002; Loudermilk 2003.

2. Chalmers 1996; Dennett 1995; Moody 1994.

3. Foster, Ratneiks, and Raybould 2000; Hughes et al. 2009; Hughes, Wappler, and Labandeira 2010.

4. Rudolf and Antonovics 2007.

5. Vass 2001.

6. Cassi 2009.

7. Cooke, Jahanian, and McPherson 2005.

8. Smith? et al. 2009, 146.

9. See Gelman 2010; Messer 2010; Rossman 2010.

10. 完全なリストは http://zombieresearch.org/advisoryboard.html で入手可能である（最終アクセス 2010 年 7 月 15 日）.

11. See, for example, Quiggin 2010.

12. On the economic research into vampires, see Hartl and Mehlmann 1982; Hartl, Mehlmann, and Novak 1992; and Snower 1982.

13. Sun Tzu, *Art of War*, chap. 11, line 14; Thucydides, H*istory*

of the Peloponnesian War, book 2, par. 50; Thomas Hobbes, *Leviathan*, part 1, chap. 13, par. 9.

14. UFO に関しては，Wendt and Duval 2008 を参照．ウィザードと国際関係論に関しては Nexon and Neuman 2006，ホビットと国際関係論に関しては Ruane and James 2008，ヴァンパイアと国際関係論に関しては Buus 2009, Davies 2010, Molly 2003 を参照．

15. Goldsmith 2007; Hoyt and Brooks 2003–4; Klotz and Sylvester 2009.

16. Suskind 2006.

17. Stern 2002–3.

18. Clarke 1999; Cordesman 2001.

19. Drezner 2009.

20. Sparks, Nelson, and Campbell 1997.

21. Markovsky and Thye 2001.

22. Crawford 2000; Gray and Ropeik 2002; Moïsi 2007; Strong 1990.

23. Maberry 2008, 267.

24. Ibid. See also Bishop 2009.

25. King, Keohane, and Verba 1994, 29–30.

26. Ferguson 2004; Haass 2008; Schweller 2010.

27. Der Derian 2002 を参照．より最近のものとしては，マックス・ブルックスがアメリカ海軍大学校で，校長の要請により士官学校生に対して行った講演．http://maxbrooks.com/news/2010/04/12/the-us-naval-war-college/（最終アクセス，2010 年 7 月 15 日）．

28. シミュレーションに関しては，Van Belle 1998 年を参照．エージェント・ベイスドなモデル化に関しては，Cederman 2003 を参照．

29. See Buus 2009; Cordesman 2001; Hulsman and Mitchell 2009; Muller 2008; Van Belle, Mash, and Braunwarth 2010; Weber 2006; Weldes 2003.

30. Solnit 2009, 120–34.

31. Tetlock 2005.

32. Jackson and Nexon 2009.

第3章　ゾンビを定義する

1. See also Brooks 2003, 1.

2. この定義はまた，半ゾンビ的属性を有する最近のキャラクターも排除している．たとえば，Joss Whedon のテレビ・シリーズ *Firefly*（2002）の中の Reavers や，Cronin 2010 の中の Virals など．

第4章　食屍鬼についての本筋から外れた議論

1. たとえば最近の変化に富んだアンデッド事例としては，Golden 2010 や Adams 2008 などを参照.

2. See Keene 2004 and 2005, as well as Wellington 2006a, 2006b, 2007.

3. King 2006.

4. Brooks 2003, 2006.

5. Recht 2006.

6. Cordesman 2001; Koblentz 2010.

7. Perrow 1984.

8. Klotz and Sylvester 2009.

9. Dendle 2001, 121; Twohy 2008, 16.

10. Bishop 2009, 21; Maberry 2008, 22–23.

11. この議論の最近の簡潔なサマリーとしては，Levin 2004 を参照.

12. Ma 2010, 2–3.

13. Brooks 2003, 13–14.

14. Maberry 2008, chap. 3.

15. Cordesman 2001, 11; Maberry 2008, 172.

第５章　リビング・デッドのレアルポリティーク（現実政治）

1. 紙幅の制限から，ここではリアリズムのパラダイム内での多様な区分については論じることができない．古典的リアリズムに関しては Morgenthau 1948 を，新古典派のリアリズムに関しては Rose 1998 と Zakaria 1998 を，ポスト古典派のリアリズムに関しては Brooks 1997 を．Mearsheimer 2001 は，攻撃的リアリズムの事例を提供してくれている．防御的リアリズムの好例としては，Snyder 1991 を参照．批判としては，Legro and Moravcsik 1999 を参照.

2. Walt 1987.

3. Waltz 1979, 105.

4. Grieco 1988; see also Powell 1991 and Snidal 1991.

5. Herz 1950; Jervis 1978.

6. Mearsheimer 2001.

7. Mearsheimer and Walt 2007; Walt 2005.

8. Waltz 1979, 76–77.

9. Gilpin 1981; Kennedy 1987; Kim 1992; Organski 1958.

10. Diamond 1999; McNeill 1976; Price-Smith 2002.

11. Anbarci, Escaleras, and Register 2005; Brancati 2007; Cohen and Werker 2008; Kahn 2005; Nel and Richarts 2008.

12. Glaser and Kaufmann 1998.

13. Brooks 2006, 105–11.

14. On containment, see Gaddis 1982 and Kennan 1984.

15. Christensen and Snyder 1990; Mearsheimer 2001.

16. Mastanduno 1992.

17. Hughes 2007.

18. Brancati 2007; Nel and Righarts 2008.

19. Walt 1996.

20. Mearsheimer 2001, 152–55.

第６章　リベラルな世界秩序の下でアンデッドを規制する

1. 紙幅の制限から，ここではより詳細なリベラル・パラダイムに関する異なったタイプについて論じることはできない．カント的リベラリズムに関しては Doyle 1983，商業的リベラリズムに関しては Russet and Oneal 1997 を参照．Keohene 1984 は，ネオリベラルな制度主義の最良の事例を提供している．Moravcsik 1997 は，観念的（ideational）リベラリズムを．デモクラティック・リベラリズムに関しては Doyle 1986，そして，リベラルな国際主義に関しては Ikenberry 2000 を参照．

2. Hardin 1982; Olson 1971.

3. Axelrod 1984; Axelrod and Keohane 1985.

4. Keohane and Nye 1978; Lipson 1984.

5. Drezner 2000; Keohane 1984; Martin 1992.

6. Martin 2000; Simmons 2009.

7. Powell 1991; Snidal 1991.

8. Kimball 2006; Knobler, Mahmoud, and Lemon 2006; Koblentz 2010, 102–3.

9. Harper 2002; Lauro and Embry 2008; Webb and Byrnard 2008.

10. Axelrod 1984; Fudenberg and Maskin 1986.

11. Raustiala and Victor 2004.

12. Drezner 2007.

13. Brooks 2006, 264–69.

14. Ikenberry 2000, 2010.

15. Chayes and Chayes 1993; Downs, Rocke, and Barsoom 1994.

16. Haftendorn, Keohane, and Wallander 1999; Lake 2001.

17. Hoyt and Brooks 2003–4.

18. Brooks 2006, Grant 2010.

19. Marlin-Bennett, Wilson, and Walton 2010.

20. Barrett 2007b; Nadelmann 1990.

21. Barrett 2007a.
22. Flores and Smith 2010; Kahn 2005.
23. Kahn 2005; Ó Gráda 2009; Sen 1983.
24. Fidler 2004.
25. Brooks 2006, 47.
26. Drezner 2007; Keck and Sikkink 1998; Sell 2003.
27. 平等な権利と，強制的な退職年齢（定年）を「死者(dead)」よりも高く引き上げるべきだ，とする彼らのマニフェストは，http://www.votecure.com/vote/?p=13（2010 年 7 月 15 日，最終アクセス）.
28. Fidler 2009.
29. Carpenter 2007.

第７章　ネオコンと死者たちの悪の枢軸

1. Caverley 2010, Fukuyama 2006 を参照．Rapport 2008 と Williams 2005 は，ネオコンを理論的パラダイムとして学術的に評価している．
2. Fukuyama 1992.
3. Bolton 2007; Krauthammer 2004.
4. Bolton 2007; Kagan 2008.
5. Caverley 2010, 602-7、Kagan 2000，Kristol and Kagan 1996. デモクラシーが外交政策を遂行できるのかということに関しての古典的リアリズムからの懐疑については，Kennan 1984 を参照.
6. Bolton 2007; Frum and Perle 2004; Kagan 2008; Kristol and Kagan 2000; Podhoretz 2007.
7. Kagan 2003.
8. Boot 2006; Fukuyama 2006; Kagan 2003.
9. アメリカ合衆国は自分で自らのリアリティを創出することができるのだというネオコンの信仰に関しては，Suskind 2004 を参照.
10. Kagan and Kagan 2000; Kristol 1983; Kristol and Brooks 1997; Kristol and Kagan 1996.

11. Smith? et al. 2009.

12. Frum and Perle 2004.

13. Podhoretz 2007.

14. Brooks 2006, 104.

第8章　ゾンビの社会的構築性

1. 国家中心主義的なアプローチに関しては Wendt 1999 を．非国家中心主義的なアプローチに関しては Holtzscheiter 2005 を参照．Der Derian and Shapiro 1999 は，より解釈主義的なアプローチをとる．

2. Tannenwald 1999, 2005.

3. Johnston 2001.

4. Mercer 1995.

5. Mitzen 2006.

6. Cooke 2009, chap. 7; Russell 2005.

7. Webb and Byrnard 2008, 86.

8. Wendt and Duvall 2008.

9. Wendt 1992.

10. Price-Smith 2003; Strong 1990.

11. Adler and Barnett 1998.

12. Durodié and Wessely 2002; Furedi 2007; Glass and Schoch-Spana 2001; Quarantelli 2004; Tierney 2004.

13. Solnit 2009, 2.

14. Snyder 2002. しかし，たとえば，飢饉のような状況下においても，Ó Gráda（2009）によるなら，人肉食は発生したという証拠は全く存在しないのである．

15. Mercer 1995.

16. Wendt 2003.

17. Furedi 2007, 487.

18. Clarke 2002; Grayson, Davies, and Philpott 2008; Mitchell et al. 2000; Tierney, Bevc, and Kuligowski 2006.

19. Webb and Byrnard 2008, 84.

20. Finnemore and Sikkink 1998.
21. Brooks 2006, 157–58.
22. Nye 2004.

第９章　国内政治…すべてのゾンビ政治はローカルか？

1. See Bueno de Mesquita et al. 2003; Milner 1997; Putnam 1988; Weeks 2008.
2. Risse-Kappen 1991.
3. Krasner 1978.
4. Kaufmann 2004; Ornstein and Mann 2006.
5. Howell and Pevehouse 2007.
6. Baum 2002.
7. Eichenberg 2005; Feaver and Gelpi 2004.
8. 有権者は，予防的対策ではなく，災害が起こった後の政治家のパフォーマンスに対して報いるものである．Healy and Malhorta 2009 を参照.
9. Burbach 1994; Kohut and Stokes 2006.
10. Pew Research Center 2009.
11. Przeworski and Wallerstein 1988.
12. Stanger 2009.
13. This result is consistent with Milner 1997.

第 10 章　官僚政治…ゾンビにまつわる“押し合いへし合い”

1. Barnett and Finnemore 2004.
2. Wilson 1989.
3. Allison 1971; Halperin 1974.
4. Cohen, March, and Olsen 1972.
5. 立法による制約に関しては Weingast and Moran 1983 を．行政府による制約に関しては Moe 1990 を．統合的アプローチに関しては Hammond and Knott 1996 を参照.
6. Simon 1976.

7. Zegart 2007.
8. Cordesman 2001.
9. Keene 2005, 123.
10. Solnit 2009, 125.
11. Brooks 2006, 94–100.
12. Brooks 2003, 155.
13. 空軍は，物流に依存する戦闘能力の大半を失うこととなる．
14. Brooks 2006, 145.
15. Hafner-Burton, Kahler, and Montgomery 2009; Slaughter 2004.

第 11 章　人間だもの…アンデッドに対する心理学的反応

1. Stern 2002–3.
2. Mori 1970.
3. Price-Smith 2002; Strong 1990, 252–54.
4. Bynam and Pollack 2001; Waltz 1959.
5. Jervis 1976.
6. Houghton 1996; Khong 1992; Neustadt and May 1986.
7. Maberry 2008, 39.
8. Brooks 2003, 154.
9. Mercer 1996.
10. Kahneman and Tversky 1979; Levy 1997.
11. Jervis 1992.
12. Kahneman and Renshon 2007.
13. Weinstein 1980.
14. Glass and Schoch-Spana 2001.
15. Thaler and Sunstein 2008.
16. Brooks 2003.
17. Janis 1972.
18. Sunstein and Vermeule 2008.

第12章　結論…ってゆうか、そう思うでしょ？

1. Paris 2001.

2. Most and Starr 1984.

3. Berlin 1996; Katzenstein and Okawara 2001–2; Sil and Katzenstein 2010.

4. Hirschman 1970, 341.

参考文献

Adams, John Joseph, ed. 2008. *The Living Dead*. San Francisco: Night Shade Books.

Adler, Emanuel, and Michael Barnett, eds. 1998. *Security Communities*. Cambridge: Cambridge University Press.

Allison, Graham. 1971. *Essence of Decision: Explaining the Cuban Missile Crisis*. Boston: Little Brown.

Aquilina, Carmelo, and Julian Hughes. 2006. "The Return of the Living Dead: Agency Lost and Found?" In *Dementia: Mind, Meaning and the Person*, ed. Julian Hughes, Stephen Louw, and Steven Sabat, 143–62. New York: Oxford University Press.

Austen, Jane, and Seth Grahame-Smith. 2009. *Pride and Prejudice and Zombies*. Philadelphia: Quirk Books.

Axelrod, Robert. 1984. *The Evolution of Cooperation*. New York: Basic Books.

Axelrod, Robert, and Robert Keohane. 1985. "Achieving Cooperation under Anarchy: Strategies and Institutions." *World Politics* 38 (October): 226–54.

Barnett, Michael, and Martha Finnemore. 2004. *Rules for the World: International Organizations in Global Politics*. Ithaca, NY: Cornell University Press.

Barrett, Scott. 2007a. "The Smallpox Eradication Game." *Public Choice* 130 (January): 179–207.

———. 2007b. *Why Cooperate? The Incentive to Supply Global Public Goods*. New York: Oxford University Press.

Baum, L. Frank, and Ryan Thomas. 2009. *The Undead World of Oz*. Winnipeg, Manitoba, Canada: Coscom.

Baum, Matthew. 2002. "The Constituent Foundations of the Rally-round-the-Flag Phenomenon." *International Studies Quarterly* 46 (June): 263–98.

Berlin, Isaiah. 1996, October 3. "On Political Judgment." *New York Review of Books*, 26–30.

Berlinski, Mischa. 2009, September. "Into the Zombie Underworld." *Men's Journal*, http://www.mensjournal.com/ into-the-zombie-underworld. Accessed July 15, 2010.

Bishop, Kyle. 2008. "The Sub-Subaltern Monster: Imperialist Hegemony and the Cinematic Voodoo Zombie." *Journal of American Culture* 31 (June): 141–52.

———. 2009. "Dead Man Still Walking: Explaining the Zombie Renaissance." *Journal of Popular Film and Television* 37 (Spring): 16–25.

Bolger, Kevin. 2010. *Zombiekins*. New York: Razorbill.

Bolton, John. 2007. *Surrender Is Not an Option*. New York: Threshold.

Boot, Max. 2006. *War Made New: Technology, Warfare, and the Course of History, 1500 to Today*. New York: Gotham.

Brancati, Dawn. 2007. "Political Aftershocks: The Impact of Earthquakes on Intrastate Conflict." *Journal of Conflict Resolution* 51 (October): 715–43.

Brooks, Max. 2003. *The Zombie Survival Guide: Complete Protection from the Living Dead*. New York: Three Rivers.

———. 2006. *World War Z: An Oral History of the Zombie War*. New York: Three Rivers.

Brooks, Stephen. 1997. "Dueling Realisms." *International Organization* 51 (July): 445–77.

Bueno de Mesquita, Bruce, James Morrow, Randolph Siverson, and Alistair Smith. 2003. *The Logic of Political Survival*. Cambridge, MA: MIT Press.

Burbach, David. 1994. "Presidential Approval and the Use of Force." Working Paper, Defense and Arms Control Studies Program, Massachusetts Institute of Technology.

Buus, Stephanie. 2009. "Hell on Earth: Threats, Citizens and the State from Buffy to Beck." *Cooperation and Conflict* 44 (Decem-

ber): 400–419.

Bynam, Daniel, and Kenneth Pollack. 2001. "Let Us Now Praise Great Men: Bringing the Statesman Back In." *International Security* 25 (Spring): 107–46.

Carlson, Robert. 2003. "The Pace and Proliferation of Biological Technologies." *Biosecurity and Bioterrorism* 1 (September): 203–14.

Carpenter, Charli. 2007. "Setting the Advocacy Agenda: Issues and Non-Issues around Children and Armed Conflict." *International Studies Quarterly* 51 (March): 99–120.

Carroll, Lewis, and Nickolas Cook. 2009. *Alice in Zombieland*. Winnipeg, Manitoba, Canada: Coscom.

Cassi, Davide. 2009. "Target Annihilation by Diffusing Particles in Inhomogenous Geometries." *Physical Review E* 80 (September): 1–3.

Caverley, Jonathan. 2010. "Power and Democratic Weakness: Neoconservatism and Neoclassical Realism." *Millennium* 38 (May): 593–614.

Cederman, Lars-Erik. 2003. "Modeling the Size of Wars: From Billiard Balls to Sandpiles." *American Political Science Review* 97 (February): 135–50.

Chalmers, David. 1996. *The Conscious Mind: In Search of a Fundamental Theory*. New York: Oxford University Press.

Chayes, Abram, and Antonia Handler Chayes. 1993. "On Compliance." *International Organization* 47 (Spring): 175–206.

Christensen, Thomas, and Jack Snyder. 1990. "Chain Gangs and Passed Bucks: Predicting Alliance Patterns under Multipolarity." *International Organization* 44 (March): 137–68.

Chyba, Christopher, and Alex Greniger. 2004. "Biotechnology and Bioterrorism: An Unprecedented World." *Survival* 46 (January): 143–62.

Clarke, Lee. 1999. *Mission Improbable: Using Fantasy Documents to Tame Disaster*. Chicago: University of Chicago Press.

———. 2002. "Panic: Myth or Reality?" *Contexts* 1 (Fall): 21–26.

Cohen, Charles, and Eric Werker. 2008. "The Political Economy of 'Natural' Disasters." *Journal of Conflict Resolution* 52 (December): 795–819.

Cohen, Michael, James March, and Johan Olsen. 1972. "A Garbage Can Model of Organizational Choice." *Administrative Science Quarterly* 17 (March): 1–25.

Comaroff, Jean, and John Comaroff. 2002. "Alien-Nation: Zombies, Immigrants, and Millenial Capitalism." *South Atlantic Quarterly* 101 (Fall): 779–805.

Cooke, Evan, Farnam Jahanian, and Danny McPherson. 2005. "The Zombie Roundup: Understanding, Detecting, and Disturbing Botnets." In *Proceedings of the First Workshop on Steps to Reducing Unwanted Traffic on the Internet (STRUTI)*, 39–44. Cambridge, MA: STRUTI.

Cooke, Jennifer. 2009. *Legacies of Plague in Literature, Theory and Film*. New York: Palgrave Macmillan.

Cordesman, Anthony. 2001, September 29. "Biological Warfare and the 'Buffy Paradigm.'" Washington, DC: Center for Strategic and International Studies.

Crawford, Neta. 2000. "The Passion of World Politics: Propositions on Emotion and Emotional Relationships." *International Security* 24 (Spring): 116–56.

Cronin, Justin. 2010. *The Passage*. New York: Ballantine.

Davies, Matt. 2010. "'You Can't Charge Innocent People for Saving Their Lives!' Work in Buffy the Vampire Slayer." *International Political Sociology* 4 (June): 178–95.

Davis, Wade. 1985. *The Serpent and the Rainbow*. New York: Simon and Schuster.

———. 1988. *Passage of Darkness: The Ethnobiology of the Haitian Zombie*. Chapel Hill: University of North Carolina Press.

Dendle, Peter. 2001. *The Zombie Movie Encyclopedia*. Los Angeles: McFarland.

———. 2007. "The Zombie as Barometer of Cultural Anxiety." In *Monsters and the Monstrous: Myths and Metaphors of Enduring Evil*, ed. Niall Scott, 45–57. New York: Rodopi.

Dennett, Daniel. 1995. "The Unimagined Preposterousness of Zombies." *Journal of Consciousness Studies* 2 (April): 322–25.

Der Derian, James. 2002. "9.11: Before, After and In Between." In *Understanding September 11*, ed. Craig Calhoun, Paul Price and Ashley Timmer, 146–59. New York: New Press.

Der Derian, James, and Michael Shapiro, eds. 1989. *International-Intertextual Relations: Postmodern Readings of World Politics*. Lexington, MA: Lexington.

Diamond, Jared. 1999. *Guns, Germs and Steel: The Fates of Human Societies*. New York: W. W. Norton.

Downs, George, David Rocke, and Peter Barsoom. 1994. "Is the Good News about Compliance Good News about Cooperation?" *International Organization* 50 (Summer): 379–406.

Doyle, Michael. 1983. "Kant, Liberal Legacies, and Foreign Affairs." *Philosophy and Public Affairs* 12 (Summer): 205–35.

———. 1986. "Liberalism and World Politics." *American Political Science Review* 80 (December): 1151–69.

Drezner, Daniel W. 2000. "Bargaining, Enforcement, and Multilateral Economic Sanctions: When Is Cooperation Counterproductive?" *International Organization* 54 (Winter): 73–102.

———. 2007. *All Politics Is Global: Explaining International Regulatory Regimes*. Princeton, NJ: Princeton University Press.

———. 2008. "The Realist Tradition in American Public Opinion." *Perspectives on Politics* 6 (March): 51–70.

———, ed. 2009. *Avoiding Trivia: The Role of Strategic Planning in American Foreign Policy*. Washington, DC: Brookings Institution Press.

Durodié, Bill, and Simon Wessely. 2002. "Resilience or Panic? The Public and Terrorist Attack." *Lancet* 360 (December 14): 1901–2.

Efthimiou, Costas, and Sohang Gandhi. 2007. "Cinema Fiction vs. Physics Reality: Ghosts, Vampires, and Zombies." *Skeptical Inquirer* 31 (July–August): 27–38.

Eichenberg, Richard. 2005. "Victory Has Many Friends: U.S. Public Opinion and the Use of Force, 1981–2005," *International Security* 30 (Summer): 140–77.

Fay, Jennifer. 2008. "Dead Subjectivity: *White Zombie*, Black Baghdad." *CR: The New Centennial Review* 8 (Spring): 81–101.

Feaver, Peter, and Chrisopher Gelpi. 2004. *Choosing Your Battles*. Princeton, NJ: Princeton University Press.

Ferguson, Niall. 2004. "A World without Power," *Foreign Policy* (July–August): 32–39.

Fidler, David. 2004. *SARS: Governance and the Globalization of Disease*. New York: Palgrave Macmillan.

———. 2009. "H1N1 after Action Review: Learning from the Unexpected, the Success and the Fear." *Future Microbiology* 4 (September): 767–69.

Finnemore, Martha, and Kathryn Sikkink. 1998. "International Norm Dynamics and Political Change." *International Organization* 52 (October): 887–917.

Flores, Alejandro Quiroz, and Alistair Smith. 2010. "Surviving Disasters." Paper presented at the International Political Economy Society, Cambridge, MA.

Foster, Kevin, Francis Ratnieks, and Alan Raybould. 2000. "Do Hornets Have Zombie Workers?" *Molecular Ecology* 9 (June): 735–42.

Frum, David, and Richard Perle. 2004. *An End to Evil: How to Win the War on Terror*. New York: Random House.

Fudenberg, Drew, and Eric Maskin. 1986. "The Folk Theorem in Repeated Games with Discounting or with Incomplete Information." *Econometrica* 54 (May): 533–54.

Fukuyama, Francis. 1992. *The End of History and the Last Man*. New York: Free Press.

———. 2006. *America at the Crossroads*. New Haven, CT: Yale University Press.

Furedi, Frank. 2007. "The Changing Meaning of Disaster." *Area* 39 (December): 482–89.

Gaddis, John Lewis. 1982. *Strategies of Containment*. New York: Oxford University Press.

Gelman, Andrew. 2010. "'How Many Zombies Do You Know?' Using Indirect Survey Methods to Measure Alien Attacks and Outbreaks of the Undead." Working paper, Department of Statistics, Columbia University.

Gilpin, Robert. 1981. *War and Change in World Politics*. New York: Cambridge University Press.

Glaser, Charles, and Chaim Kaufmann. 1998. "What is the Offense-Defense Balance and How Can We Measure It?" *International Security* 22 (Spring): 44–82.

Glass, Thomas, and Monica Schoch-Spana. 2001. "Bioterrorism and the People: How to Vaccinate a City against Panic." *Clinical Infectious Diseases* 34 (December): 217–23.

Golden, Christopher, ed. 2010. *The New Dead: A Zombie Anthology*. New York: St. Martin's.

Goldsher, Alan. 2010. *Paul Is Undead: The British Zombie Invasion*. New York: Gallery Books.

Goldsmith, Jack. 2007. *The Terror Presidency: Law and Judgment inside the Bush Administration*. New York: W. W. Norton.

Grant, Mira. 2010. *Feed*. New York: Orbit.

Gray, George, and David Ropeik. 2002. "Dealing with the Dangers of Fear: The Role of Risk Communication." *Health Affairs* 6 (November–December): 106–16.

Grayson, Kyle, Matt Davies, and Simon Philpott. 2009. "Pop Goes IR? Researching the Popular Culture–World Politics Continuum." *Politics* 29 (October): 155–63.

Grieco, Joseph. 1988. "Anarchy and the Limits of Cooperation." *International Organization* 42 (June): 485–507.

Haass, Richard. 2008. "The Age of Nonpolarity." *Foreign Affairs* 87 (May–June): 44–56.

Hafner-Burton, Miles Kahler, and Alex Montgomery, "Network Analysis for International Relations," *International Organization* 63 (July 2009): 559–92.

Haftendorn, Helga, Robert Keohane, and Celeste Wallander, eds. 1999. *Imperfect Unions: Security Institutions over Time and Space*. New York: Oxford University Press.

Halperin, Morton. 1974. *Bureaucratic Politics and Foreign Policy*. Washington, DC: Brookings Institution Press.

Hammond, Thomas, and Jack Knott. 1996. "Who Controls the Bureaucracy?" *Journal of Law, Economics, and Organization* 12 (April): 119–66.

Hardin, Russell. 1982. *Collective Action*. Washington: Resources for the Future.

Harper, Stephen. 2002. "Zombies, Malls, and the Consumerism Debate." *Americana* 1 (Fall): article 4.

Hartl, Richard, and Alexander Mehlmann. 1982. "The Transylvanian Problem of Renewable Resources." *Recherche opérationelle/ Operations Research* 16 (November): 379–90.

Hartl, Richard, Alexander Mehlmann, and Andreas Novak. 1992. "Cycles of Fear: Periodic Bloodsucking Rates for Vampires." *Journal of Optimization Theory and Applications* 75 (December): 559–68.

Healy, Andrew, and Neil Malhorta. 2009. "Myopic Voters and Natural Disaster Policy." *American Political Science Review* 103 (August): 387–406.

Hendrix, Grady. 2007, May 10. "Mocha Zombies." *Slate*, http://www.slate.com/id/2165990. Accessed July 15, 2010.

Herz, John. 1950. "Idealist Internationalism and the Security Dilemma." *World Politics* 2 (January): 157–80.

Hirschman, Albert. 1970. "The Search for Paradigms as a Hindrance to Understanding." *World Politics* 22 (April): 329–43.

Holzscheiter, Anna. 2005. "Discourse as Capability: Non- State Actors' Capital in Global Governance." *Millennium: Journal of International Studies* 33 (June): 723–46.

Houghton, David Patrick. 1996. "The Role of Analogical Reasoning in Novel Foreign-Policy Situations," *British Journal of Political Science* 26 (October): 523–52.

Howell, Will, and Jon Pevehouse. 2007. *While Dangers Gather: Congressional Checks on Presidential War Powers*. Princeton, NJ: Princeton University Press.

Hoyt, Kendall, and Stephen Brooks. 2003–4. "A Double- Edged Sword: Globalization and Biosecurity." *International Security* 28 (Winter): 123–48.

Hughes, David, Sandra Anderson, Sylvia Gerritsma, Kalsum Yusah, David Mayntz, Nigel Hywel-Jones, Johan Billen, and Jacobus Boomsma. 2009. "The Life of a Dead Ant: The Expression of an Adaptive Extended Phenotype." *The American Naturalist* 174 (September): 424–33.

Hughes, David, Torsten Wappler, and Conrad Labandeira. 2010. "Ancient Death-grip Leaf Scars Reveal Ant–Fungal Parasitism." *Biology Letters*, published online before print August 18, 2010, doi:10.1098/rsbl.2010.0521.

Hughes, James. 2007. "The Chechnya Conflict: Freedom Fighters or Terrorists?" *Demokratizatsiya: The Journal of Post-Soviet Democratization* 15 (Summer): 293–311.

Hulsman, John, and A. Wess Mitchell. 2009. *The Godfather Doctrine: A Foreign Policy Parable*. Princeton, NJ: Princeton University Press.

Ikenberry, G. John. 2000. *After Victory*. Princeton, NJ: Princeton University Press.

Jackson, Patrick Thaddeus, and Daniel Nexon. 2009. "Paradigmatic Faults in International Relations Theory." *International Studies Quarterly* 53 (December): 907–30.

Janis, Irving. 1972. *Victims of Groupthink: A Psychological Study of*

Foreign-Policy Decisions and Fiascoes. Boston: Houghton Mifflin.
Jervis, Robert. 1976. *Perception and Misperception in International Politics*. Princeton, NJ: Princeton University Press.
———. 1978. "Cooperation under the Security Dilemma." *World Politics* 30 (January): 167–214.
———. 1992. "Political Implications of Loss Aversion." *Political Psychology* 13 (June): 187–204.
Johnston, A. Iain. 2001. "Treating International Institutions as Social Environments." *International Studies Quarterly* 45 (December): 487–515.
Kagan, Donald, and Frederick Kagan. 2000. *While America Sleeps: Self-Delusion, Military Weakness, and the Threat to Peace Today*. New York: St. Martin's.
Kagan, Robert. 2003. *Of Paradise and Power: America and Europe in the New World Order*. New York: Alfred A. Knopf.
———. 2008. *The Return of History and the End of Dreams*. New York: Alfred A. Knopf.
Kahn, Matthew. 2005. "The Death Toll from Natural Disasters: The Role of Income, Geography, and Institutions." *Review of Economics and Statistics* 87 (May): 271–284.
Kahneman, Daniel, and Jonathan Renshon. 2007. "Why Hawks Win." *Foreign Policy* 158 (January–February): 34–39.
Kahneman, Daniel, and Amos Tversky. 1979. "Prospect Theory: An Analysis of Decision Under Risk." *Econometrica* 47 (March): 263–91.
Katzenstein, Peter, and Nobuo Okawara. 2001–2. "Japan, Asian-Pacific Security, and the Case for Analytical Eclecticism." *International Security* 26 (Winter): 153–85.
Kaufmann, Chaim. 2004. "Threat Inflation and the Failure of the Marketplace of Ideas: The Selling of the Iraq War," *International Security* 29 (Summer): 5–48.
Kay, Glenn. 2008. *Zombie Movies: The Ultimate Guide*. Chicago:

Chicago Review Press.

Keck, Margaret, and Kathryn Sikkink. 1998. *Activists beyond Borders: Advocacy Networks in International Politics*. Ithaca, NY: Cornell University Press.

Keene, Brian. 2004. *The Rising*. New York: Leisure Books.

———. 2005. *City of the Dead*. New York: Delirium.

Kennan, George. 1984. *American Diplomacy*. Expanded ed. Chicago: University of Chicago Press.

Kennedy, Paul. 1987. *Rise and Fall of the Great Powers*. New York: Random House.

Keohane, Robert. 1984. *After Hegemony*. Princeton, NJ: Princeton University Press.

Keohane, Robert, and Joseph Nye. 1978. *Power and Interdependence*. Boston: Scott Foresman.

Khong, Yuen Foong. 1992. *Analogies at War*. Princeton, NJ: Princeton University Press.

Kim, Woosang. 1992. "Power Transitions and Great Power War from Westphalia to Waterloo." *World Politics* 45 (October): 153–72.

Kimball, Ann Marie. 2006. *Risky Trade: Infectious Disease in the Era of Global Trade*. Aldershot, England: Ashgate.

King, Gary, Robert Keohane, and Sidney Verba. 1994. *Designing Social Inquiry*. Princeton, NJ: Princeton University Press.

King, Stephen. 2006. *Cell*. New York: Charles Scribner's Sons.

Klotz, Lynn, and Edward Sylvester. 2009. *Breeding Bio Insecurity: How U.S. Biodefense is Exporting Fear, Globalizing Risk, and Making Us All Less Secure*. Chicago: University of Chicago Press.

Knobler, Stanley, Adel Mahmoud, and Stanley Lemon, eds. 2006. *The Impact of Globalization on Infectious Disease Emergence and Control: Exploring the Consequences and Opportunities*. Washington, DC: National Academies Press.

Koblentz, Gregory. 2010. "Biosecurity Reconsidered: Calibrating

Biological Threats and Responses." *International Security* 34 (Spring): 96–132.

Koch, Christof, and Francis Crick. 2001. "On the Zombie Within." *Nature* 411 (June): 893.

Kohut, Andrew, and Bruce Stokes. 2006. *America against the World*. New York: Times Books.

Krasner, Stephen D. 1991. "Global Communications and National Power: Life on the Pareto Frontier." *World Politics* 43 (April): 336–66.

Krauthammer, Charles. 2004. *Democratic Realism: An American Foreign Policy for a Unipolar World*. Washington, DC: American Enterprise Institute.

Kristol, Irving. 1983. *Reflections of a Neoconservative*. New York: Basic Books.

Kristol, William, and David Brooks. 1997, September 15. "What Ails Conservatism." *Wall Street Journal*.

Kristol, William, and Robert Kagan. 1996. "Towards a Neo-Reaganite Foreign Policy." *Foreign Affairs* 75 (July– August): 18–32.

———, eds. 2000. *Present Dangers: Crisis and Opportunity in American Foreign and Defense Policy*. San Francisco: Encounter.

Krasner, Stephen D. 1978. *Defending the National Interest: Raw Materials Investment and U.S. Foreign Policy*. Princeton, NJ: Princeton University Press.

Lake, David. 2001. "Beyond Anarchy: The Importance of Security Institutions." *International Security* 26 (Summer): 129–60.

Lauro, Sarah Juliet, and Karen Embry. 2008. "A Zombie Manifesto: The Nonhuman Condition in the Era of Advanced Capitalism." *Boundary* 2 (Spring): 85–108.

Legro, Jeffrey, and Andrew Moravcsik. 1999. "Is Anyone Still a Realist?" *International Security* 24 (Spring): 55–106.

Levin, Josh. 2004, March 24. "Dead Run: How Did Zombies Get so Fast?" *Slate*, http://www.slate.com/id/ 2097751. Accessed July 15, 2010.

Levy, Jack. 1997. "Prospect Theory, Rational Choice, and International Relations." *International Studies Quarterly* 41 (March): 87–112.

Lipson, Charles. 1984. "International Cooperation in Economic and Security Affairs," *World Politics* 37 (October): 1–23.

Littlewood, Roland, and Chavannes Douyon. 1997. "Clinical Findings in Three Cases of Zombification." *Lancet* 350 (October 11): 1094–96.

Loudermilk, A. 2003. "Eating 'Dawn' in the Dark: Zombie Desire and Commodified Identity in George A. Romero's 'Dawn of the Dead.'" *Journal of Consumer Culture* 3 (March): 83–108.

Louison, Cole, ed. 2009. *U.S. Army Zombie Combat Skills*. Guilford, CT: Lyons.

Ma, Roger. 2010. *The Zombie Combat Manual: A Guide to Fighting the Living Dead*. New York: Berkley.

Maberry, Jonathan. 2008. *Zombie CSU: The Forensics of the Living Dead*. New York: Citadel.

Markovsky, Barry, and Shane Thye. 2001. "Social Influence on Paranormal Beliefs." *Sociological Perspectives* 44 (Spring): 21–44.

Marlin-Bennett, Renée, Marieke Wilson, and Jason Walton. 2010. "Commodified Cadavers and the Political Economy of the Spectacle." *International Political Sociology* 4 (June): 159–77.

Martin, Lisa. 1992. *Coercive Cooperation: Explaining Multilateral Economic Sanctions*. Princeton, NJ: Princeton University Press.

———. 2000. *Democratic Commitments: Legislatures and International Cooperation*. Stanford, CA: Stanford University Press.

Mastanduno, Michael. 1992. *Economic Containment: COCOM and the Politics of East-West Trade*. Ithaca, NY: Cornell University Press.

McNeill, William. 1976. *Plagues and Peoples*. New York: Anchor.

Mearsheimer, John. 2001. *The Tragedy of Great Power Politics*. New York: W. W. Norton.

Mearsheimer, John, and Stephen Walt. 2007. *The Israel Lobby and U.S. Foreign Policy*. New York: Farrar, Straus and Giroux.
Mercer, Jonathan. 1995. "Anarchy and Identity." *International Organization* 49 (March): 229–52.
———. 1996. *Reputation and International Politics*. Ithaca, NY: Cornell University Press.
Messer, Blake. 2010, March 10. "Agent-Based Computational Model of Humanity's Prospects for Post Zombie Outbreak Survival." The Tortoise's Lens blog, http:// thetortoiseslens.blogspot.com/2010/03/agent-based-computational- model-of.html. Accessed July 15, 2010.
Milner, Helen. 1997. *Interests, Institutions, and Information: Domestic Politics and International Relations*. Princeton, NJ: Princeton University Press.
Mitchell, Jerry, Deborah Thomas, Arleen Hill, and Susan Cutter. 2000. "Catastrophe in Reel Life versus Real Life: Perpetuating Disaster Myth through Hollywood Films." *International Journal of Mass Emergencies and Disasters* 18 (November 2000): 383–402.
Mitzen, Jennifer. 2006. "Ontological Security in World Politics: State Identity and the Security Dilemma." *European Journal of International Relations* 12 (September 2006): 341–70.
Moe, Terry. 1990. "The Politics of Structural Choice: Towards a Theory of Public Bureaucracy." In *Organization Theory*, ed. Oliver Williamson, 116–53. New York: Oxford University Press.
Moïsi, Dominique. 2007. "The Clash of Emotions." *Foreign Affairs* 86 (January–February): 8–12.
Molloy, Patricia. 2003. "Demon Diasporas: Confronting the Other and the Other Worldly in *Buffy the Vampire Slayer* and *Angel*." In *To Seek Out New Worlds: Science Fiction and World Politics*, ed. Jutta Weldes, 99–121. New York: Palgrave MacMillan.
Moody, Todd. 1994. "Conversations with Zombies." *Journal of Consciousness Studies* 1 (February): 196–200.

Moravcsik, Andrew. 1997. "Taking Preferences Seriously: A Liberal Theory of International Politics," *International Organization* 51 (Autumn): 513–53.

Morgenthau, Hans. 1948. *Politics among Nations*. New York: McGraw-Hill.

Mori, Masahiro. 1970. "The Uncanny Valley." *Energy* 7 (December): 33–35.

Most, Benjamin, and Harvey Starr. 1984. "International Relations Theory, Foreign Policy Substitutability, and 'Nice' Laws." *World Politics* 36 (April): 383–406.

Mueller, John. 2009. *Atomic Obsession: Nuclear Alarmism from Hiroshima to Al-Qaeda*. New York: Oxford University Press.

Muller, Benjamin. 2008. "Securing the Political Imagination: Popular Culture, the Security Dispositif and the Biometric State." *Security Dialogue* 39 (April): 199–220.

Nadelmann, Ethan. 1990. "Global Prohibition Regimes: The Evolution of Norms in International Society." *International Organization* 44 (Autumn): 479–526.

Nel, Philip, and Marjolein Righarts. 2008. "Natural Disasters and the Risk of Violent Conflict." *International Studies Quarterly* 52 (March): 159–85.

Neustadt, Richard, and Earnest May. 1986. *Thinking in Time: The Uses of History for Decision-Makers*. New York: Simon and Schuster.

Newitz, Analee. 2006. *Pretend We're Dead: Capitalist Monsters in American Pop Culture*. Durham, NC: Duke University Press.

———. 2008, October 29. "War and Social Upheaval Cause Spikes in Zombie Movie Production." io9 blog, http://io9 .com/5070243/war-and-social-upheaval-cause-spikes-in-zombie- movie-production, accessed September 15, 2010.

Nexon, Daniel, and Iver Neumann, eds. 2006. *Harry Potter and International Relations*. New York: Rowman and Littlefield.

Nye, Joseph. 2004. *Soft Power: The Means to Success in World Poli-*

tics. New York: Public Affairs.
Ó Gráda, Cormac. 2009. *Famine: A Short History*. Princeton: Princeton University Press.
Olson, Mancur. 1971. *The Logic of Collective Action: Public Goods and the Theory of Groups*. Cambridge, MA: Harvard University Press.
Organski, A.F.K. 1958. *World Politics*. New York: Alfred A. Knopf.
Ornstein, Norman, and Thomas Mann. 2006. "When Congress Checks Out," *Foreign Affairs* 85 (November– December): 67–82.
Paffenroth, Kim. 2006. *Gospel of the Living Dead: George Romero's Visions of Hell on Earth*. Houston: Baylor University Press.
Paris, Roland. 2001. "Human Security: Paradigm Shift or Hot Air?" *International Security* 26 (Fall): 87–102.
Perrow, Charles. *Normal Accidents*. New York: Basic Books.
Pew Research Center. 2009. *America's Place in the World 2009*. Washington, DC: Pew Research Center for the People and the Press.
Phelan, Chanda. 2009. "Omega-Alpha." Undergraduate thesis, Department of English, Pomona College, Claremont, CA.
Podhoretz, Norman. 2007. *World War IV: The Long Struggle against Islamofascism*. New York: Doubleday.
Powell, Robert. 1991. "Absolute and Relative Gains in International Relations Theory." *American Political Science Review* 85 (December): 1303–20.
Price-Smith, Andrew. 2002. *The Health of Nations: Infectious Disease, Environmental Change, and their Effects on National Security and Development*. Cambridge, MA: MIT Press.
Przeworski, Adam, and Michael Wallerstein. 1988. "Structural Dependence of the State on Capital," *American Political Science Review* 82 (February): 11–29.
Putnam, Robert. 1988. "Diplomacy and Domestic Politics: The Logic of Two-level Games." *International Organization* 42

(Summer): 427–60.
Quarantelli, E. L. 2004. "Sociology of Panic." In *International Encyclopedia of the Social and Behavioral Sciences*, ed. Neal Smelser and Paul Baltes, 11020–30. New York: Elsevier.
Quiggin, John. 2010. *Zombie Economics*. Princeton, NJ: Princeton University Press.
Rapport, Aaron. 2008. "Unexpected Affinities? Neoconservatism's Place in IR Theory." *Security Studies* 17 (April): 257–93.
Raustiala, Kal, and David Victor. 2004. "The Regime Complex for Plant Genetic Resources." *International Organization* 58 (Spring): 277–309.
Recht, Z. A. 2006. *Plague of the Dead*. New York: Permuted.
Risse-Kappen, Thomas. 1991. "Public Opinion, Domestic Structure, and Foreign Policy in Liberal Democracies." *World Politics* 43 (July): 479–512.
Rose, Gideon. 1998. "Neoclassical Realism and Theories of Foreign Policy." *World Politics* 51 (October): 144–72.
Rossman, Gabriel. 2010, March 12. "Fiddler's Green." Code and Culture: Stata, Sociology and Diffusion Models blog, http://codeandculture.wordpress.com/2010/03/ 12/fiddlers-green/. Accessed July 15, 2010.
Ruane, Abigail, and Patrick James. 2008. "The International Relations of Middle-Earth: Learning from *The Lord of the Rings.*" *International Studies Perspectives* 9 (November): 377–94.
Rudolph, Volker, and Janis Antonovics. 2007. "Disease Transmission by Cannibalism: Rare Event or Common Occurrence?" *Proceedings of the Royal Society* 274 (February): 1205–10.
Russell, Jamie. 2005. *Book of the Dead: The Complete History of Zombie Cinema*. Surrey, England: FAB.
Russett, Bruce, and John Oneal. 1997. "The Classical Liberals Were Right: Democracy, Interdependence, and Conflict, 1950–1985." *International Studies Quarterly* 41 (June): 267–93.
Schweller, Randall. 2010. "Entropy and the Trajectory of World

Politics: Why Polarity Has Become Less Meaningful." *Cambridge Journal of International Affairs* 23 (March): 145–63.

Sell, Susan. 2003. *Private Power, Public Law: The Globalization of Intellectual Property Rights*. Cambridge: Cambridge University Press.

Sen, Amartya. 1983. *Poverty and Famines: An Essay on Entitlement and Deprivation*. Oxford: Oxford University Press.

Sil, Rudra, and Peter Katzenstein. 2010. "Analytic Eclecticism in the Study of World Politics." *Perspectives on Politics* 8 (June): 411–31.

Simmons, Beth. 2009. *Mobilizing for Human Rights: International Law in Domestic Politics*. New York: Cambridge University Press.

Simon, Herbert. 1976. *Administrative Behavior*. 3d ed. New York: Free Press.

Slaughter, Anne-Marie. 2004. *A New World Order*. Princeton, NJ: Princeton University Press.

Smith?, Robert J., Philip Munz, Ioan Hudea, and Joe Imad. 2009. "When Zombies Attack! Mathematical Modelling of an Outbreak of a Zombie Infection." In *Infectious Disease: Modelling Research Progress*, ed. J. M. Tcheunche and C. Chiyaka, 133–50. Hauppauge, NY: Nova Science.

Snidal, Duncan. 1991. "Relative Gains and the Pattern of International Cooperation." *American Political Science Review* 85 (September): 701–26.

Snower, Dennis. 1982. "Macroeconomic Policy and the Optimal Destruction of Vampires." *Journal of Political Economy* 90 (June): 647–55.

Snyder, Jack. 1991. *Myths of Empire*. Ithaca, NY: Cornell University Press.

———. 2002. "Anarchy and Culture: Insights from the Anthropology of War." *International Organization* 56 (Winter): 7–45.

Solnit, Rebecca. 2009. *A Paradise Built in Hell: The Extraordinary*

Communities that Arise in Disaster. New York: Viking.

Sparks, Glenn, C. Leigh Nelson, and Rose Campbell. 1997. "The Relationship between Exposure to Televised Messages about Paranormal Phenomena and Paranormal Beliefs." *Journal of Broadcasting and Electronic Media* 41 (Summer): 345–59.

Stanger, Allison. 2009. *One Nation under Contract: The Outsourcing of American Power and the Future of Foreign Policy*. New Haven, CT: Yale University Press.

Stern, Jessica. 2002–3. "Dreaded Risks and the Control of Biological Weapons." *International Security* 27 (Winter): 89–123.

Strong, Philip. 1990. "Epidemic Psychology: A Model." *Sociology of Health and Illness* 12 (September): 249–59.

Sunstein, Cass, and Adrian Vermeule. 2008. "Conspiracy Theories." Law and Economics Research Paper Series No. 387, University of Chicago Law School.

Suskind, Ron. 2004, October 17. "Faith, Certainty, and the Presidency of George W. Bush." *New York Times Magazine*.

———. 2006. *The One Percent Doctrine: Deep inside America's Pursuit of Its Enemies Since 9/11*. New York: Simon and Schuster.

Tannenwald, Nina. 1999. "The Nuclear Taboo: The United States and the Normative Basis of Nuclear Non-Use." *International Organization* 53 (July): 433–68.

———. 2005. "Stigmatizing the Bomb: Origins of the Nuclear Taboo." *International Security* 29 (Spring): 5–49.

Tetlock, Philip. 2005. *Expert Political Judgment*. Princeton, NJ: Princeton University Press.

Thaler, Richard, and Cass Sunstein. 2008. *Nudge: Improving Decisions about Health, Wealth and Happiness*. New Haven, CT: Yale University Press.

Tierney, Kathleen. 2004, January 30. "Collective Behavior in Times of Crisis." Commissioned paper presented at the National Research Council Roundtable on Social and Behavioral Sciences and Terrorism, National Academies, Washington, DC.

Tierney, Kathleen, Christine Bevc, and Erica Kuligowski. 2006. "Metaphors Matter: Disaster Myths, Media Frames, and their Consequences in Hurricane Katrina." *Annals of the American Academy of Political and Social Science* 604 (March): 57–81.

Twain, Mark, and W. Bill Czolgosz. 2009. *Adventures of Huckleberry Finn and Zombie Jim*. Winnipeg, Manitoba, Canada: Coscom.

Twitchell, James. 1985. *Dreadful Pleasures: An Anatomy of Modern Horror*. New York: Oxford University Press.

Twohy, Margaret. 2008. "From Voodoo to Viruses: The Evolution of the Zombie in Twentieth Century Popular Culture." Master's Thesis, Trinity College, Dublin.

Van Belle, Douglas. 1998. "Balance of Power and System Stability: Simulating Complex Anarchical Environments over the Internet," *Political Research Quarterly* 51 (March): 265–82.

Van Belle, Douglas, Kenneth Mash, and Joseph Braunwarth. 2010. *A Novel Approach to Politics*. 2nd ed. Washington: CQ.

VanDusky, Julie. 2010, November 20. "BRAINZ! . . . Zombie Movies and War, An Odd Correlation." The Quantitative Peace blog, http://www.quantitativepeace.com/blog/ 2008/11/brainz-zombie-movies-and-war-an-odd-correlation.html, accessed September 15, 2010.

Vass, Arpad. 2001. "Beyond the Grave—Understanding Human Decomposition." *Microbiology Today* 28 (November): 190–92.

Waldmann, Paul. 2009, June 16. "The Left and the Living Dead." *American Prospect*, http://www.prospect.org/cs/articles?article =the_left_and_the_living_dead. Accessed July 15, 2010.

Walker, Thomas C. 2010. "The Perils of Paradigm Mentalities: Revisiting Kuhn, Lakatos, and Popper." *Perspectives on Politics* 8 (June): 433–51.

Waller, Gregory. 2010. *The Living and the Undead: Slaying Vampires, Exterminating Zombies*. Champaign: University of Illinois Press.

Walt, Stephen M. 1987. *The Origins of Alliances. Ithaca*, NY: Cor-

nell University Press.
———. 1996. *Revolution and War*. Ithaca, NY: Cornell University Press.
———. 2005. *Taming American Power*. New York: W. W. Norton.
Waltz, Kenneth. 1959. *Man, the State and War: A Theoretical Analysis*. New York: Columbia University Press.
———. 1979. *Theory of International Politics*. New York: McGraw Hill.
Webb, Jen, and Sam Byrnard. 2008. "Some Kind of Virus: The Zombie as Body and as Trope." *Body and Society* 14 (June): 83–98.
Weber, Cynthia. 2006. *Imagining America at War: Morality, Politics and Film*. London: Routledge.
Weeks, Jessica. 2008. "Autocratic Audience Costs: Regime Type and Signaling Resolve." *International Organization* 62 (January): 35–64.
Weingast, Barry, and Mark Moran. 1983. "Bureaucratic Discretion of Congressional Control: Regulatory Policymaking by the Federal Trade Commission." *Journal of Political Economy* 91 (October): 765–800.
Weinstein, Neil. 1980. "Unrealistic Optimism about Future Life Events." *Journal of Personality and Social Psychology* 39 (May): 806–20.
Weldes, Jutta, ed. 2003. *To Seek Out New Worlds: Science Fiction and World Politics*. New York: Palgrave Macmillan.
Wellington, David. 2006a. *Monster Island*. New York: Thunder's Mouth Press.
———. 2006b. *Monster Nation*. New York: Running Press.
———. 2007. *Monster Planet*. New York: Running Press.
Wendt, Alexander. 1999. *Social Theory of International Politics*. New York: Cambridge University Press.
———. 2003. "Why a World State Is Inevitable." *European Journal of International Relations* 9 (December): 491–542.

Wendt, Alexander, and Raymond Duvall. 2008. "Sovereignty and the UFO." *Political Theory* 36 (August): 607–33.
Wexler, Laura. 2008, April 13. "Commando Performance." *Washington Post.*
Williams, Michael. 2005. "What Is the National Interest? The Neoconservative Challenge in IR Theory." *European Journal of International Relations* 11 (September): 307–37.
Wilson, Craig. 2009, April 10. "Zombies Lurch into Popular Culture via Books, Plays, More." *USA Today.*
Wilson, James Q. 1989. *Bureaucracy: What Government Agencies Do and Why They Do It.* New York: Basic Books.
Zakaraia, Fareed. 1998. *From Wealth to Power: The Unusual Origins of America's World Role.* Princeton, NJ: Princeton University Press.
Zegart, Amy. 2007. *Spying Blind: The CIA, the FBI, and the Origins of 9/11.* Princeton, NJ: Princeton University Press.

訳者略歴

谷口功一（たにぐち・こういち）
一九七三年生。東京大学法学部卒業、同大学院法学政治学研究科博士課程単位取得退学。現在、首都大学東京・法学系教授。専門は法哲学。『ショッピングモールの法哲学』、編著『日本の夜の公共圏』、共訳『〈起業〉という幻想――アメリカン・ドリームの現実』（以上、白水社）他。

山田高敬（やまだ・たかひろ）
一九五九年生。上智大学法学部卒業、カリフォルニア大学バークレー校政治学部博士課程修了（政治学Ph.D.）。現在、名古屋大学大学院環境学研究科教授。専門は国際政治学。「公共空間におけるプラベート・ガバナンスの可能性」（『国際問題』586号、日本国際問題研究所）、共著『グローバル社会の国際関係論』（有斐閣）他。

ゾンビ襲来
国際政治理論で、その日に備える

二〇一二年一一月一〇日　第一刷発行
二〇二〇年　二月二五日　第四刷発行

著者　ダニエル・ドレズナー
訳者 ©　谷口功一　山田高敬
発行者　及川直志
印刷所　株式会社三秀舎
発行所　株式会社白水社

東京都千代田区神田小川町三の二四
電話　営業部〇三（三二九一）七八一一
　　　編集部〇三（三二九一）七八二一
振替　〇〇一九〇‐五‐三三二二八
　　　郵便番号　一〇一‐〇〇五二
www.hakusuisha.co.jp
乱丁・落丁本は、送料小社負担にてお取り替えいたします。

加瀬製本
ISBN978-4-560-08249-2
Printed in Japan